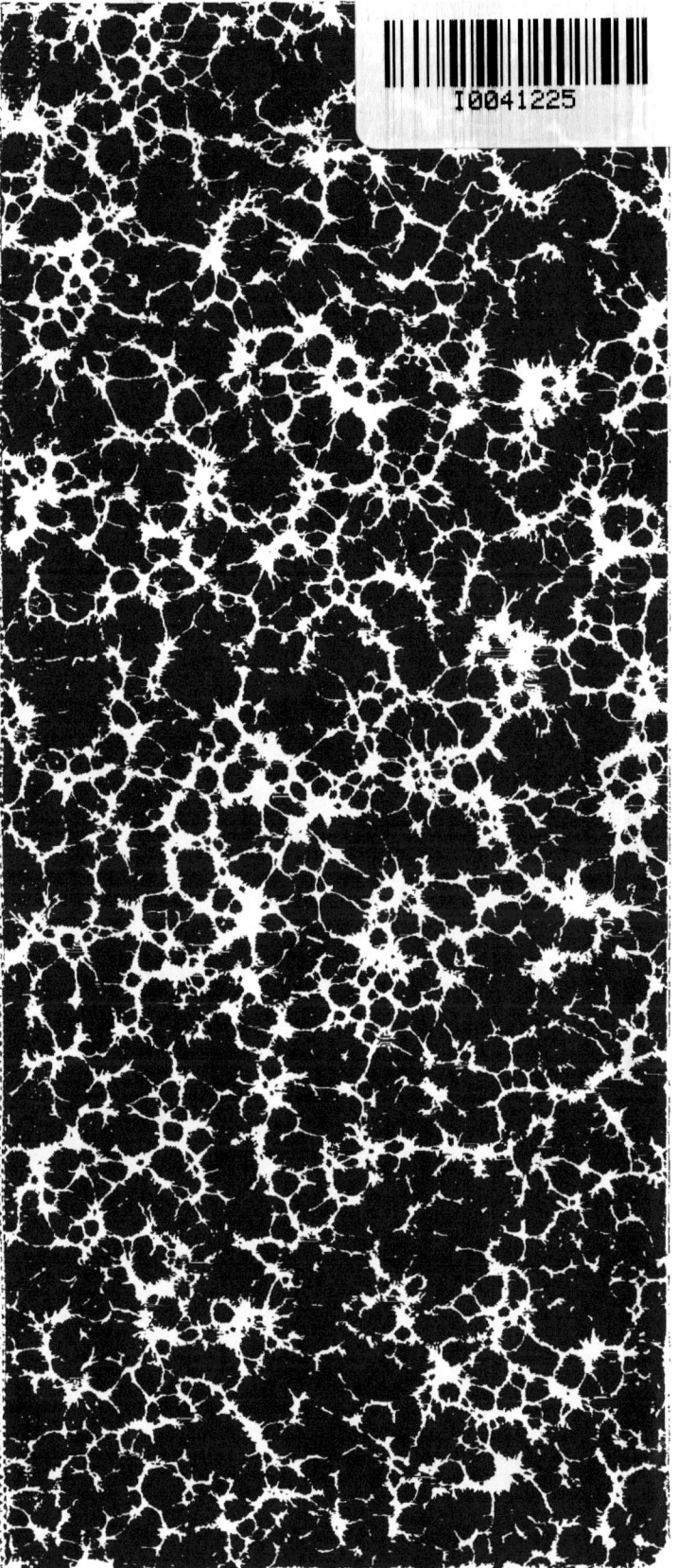

J LEMAIRE 1969

DE LA DISTINCTION

DES

LOIS CONSTITUTIONNELLES

ET DES

LOIS ORDINAIRES

PAR

Auguste SANTONI

Docteur en Droit

Adjoint aux Affaires Indigènes de la Guinée Française.

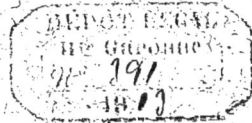

TOULOUSE

LIBRAIRIE DES ÉTUDIANTS

Vᵈᵉ RIVIÈRE

6, RUE DES LOIS, 6

—

1913

DE LA DISTINCTION

DES

LOIS CONSTITUTIONNELLES

ET DES

LOIS ORDINAIRES

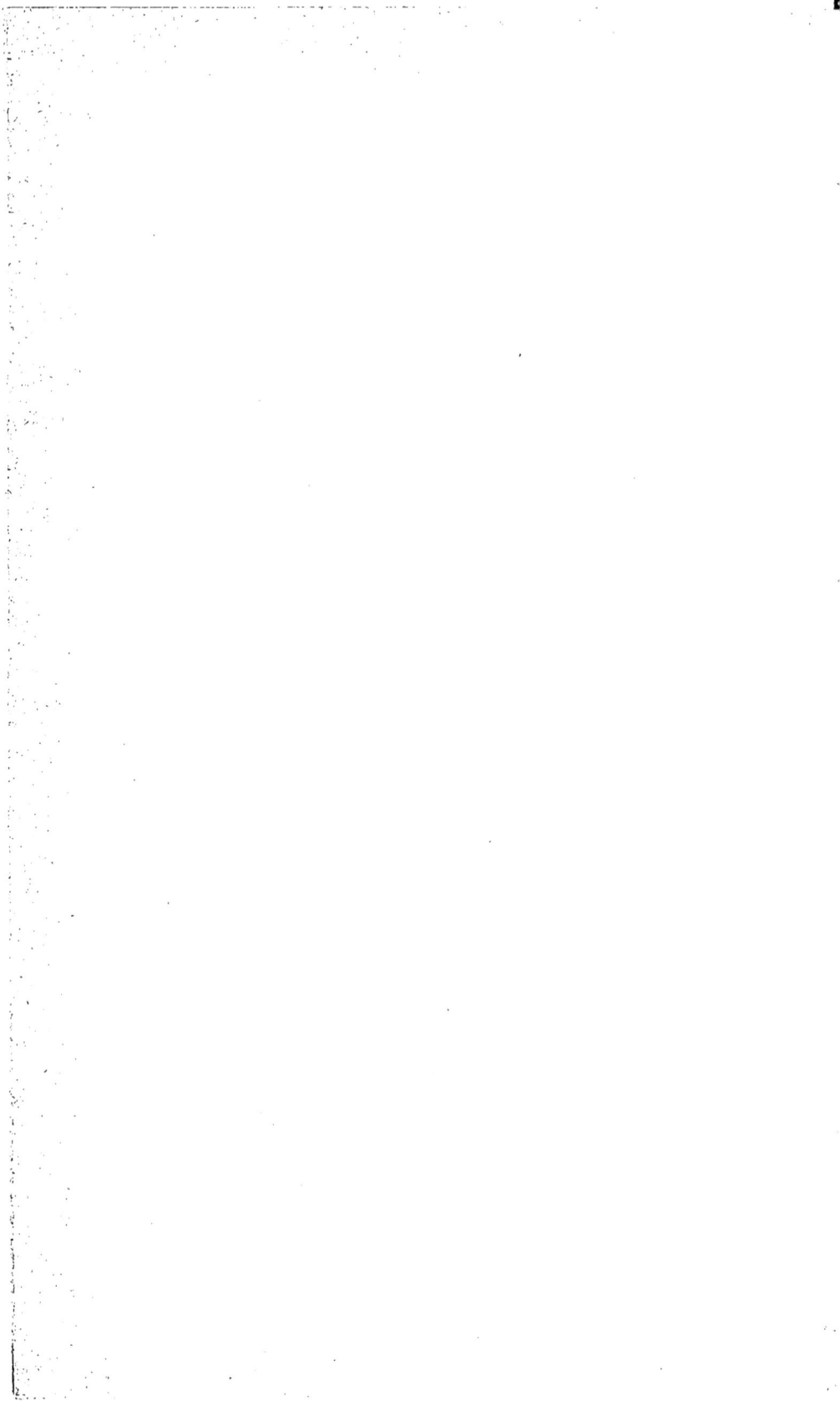

DE LA DISTINCTION

DES

LOIS CONSTITUTIONNELLES

ET DES

LOIS ORDINAIRES

PAR

Auguste SANTONI

Docteur en Droit

Adjoint aux Affaires Indigènes de la Guinée Française.

TOULOUSE

LIBRAIRIE DES ÉTUDIANTS

Vᵉ RIVIÈRE

6, RUE DES LOIS, 6

—

1913

BIBLIOGRAPHIE

I. Auteurs français.

AULARD. — Histoire politique de la Révolution française.

CH. BENOIST. — La réforme parlementaire, 1902.

BORGEAUD. — Etablissement et révision des Constitutions en Amérique et en Europe.

BOUSQUET DE FLORIAN. — Révision des Constitutions. (Thèse Paris, 1891.)

BOUTMY. — Etudes de Droit constitutionnel.

— Développement de la Constitution et de la Société politique en Angleterre.

DE CHAMBRUN. — Droits et libertés aux Etats-Unis, 1891.

— Le pouvoir exécutif aux Etats-Unis.

DARESTE. — Les Constitutions modernes (2 volumes).

DUGUIT. — Droit constitutionnel (1907).

DUGUIT ET MONNIER. — Les Constitutions et principales lois politiques de la France.

ESMEIN. — Eléments de Droit Constitutionnel français et comparé.

— Les Constitutions du protectorat de Cromwell (*Revue de Droit public*. Anno 1899).

GAJAC. — De la distinction des lois constitutionnelles et des lois ordinaires. (Thèse Bordeaux, 1903.)

GLASSON. — Histoire du Droit et des institutions de la France, tome VIII.

HANOTAUX. — Histoire de la France contemporaine, 1871-1900.

HAURIOU. — Précis de Droit administratif et de Droit public, 7me édition.

JANET (Paul). — Histoire de la Science politique.

LABOULAYE. — Questions constitutionnelles.

LARNAUDE. — Garanties judiciaires contre les actes du pouvoir législatif (*Bulletin Société de législation comparée*, 1902, p. 175.)

LEFÈBVRE. — Les origines et l'esprit de la Constitution de 1875.

MAISTRE (J. de). — Considérations sur la France.
—- Essais sur le principe générateur des Constitutions écrites.

MONTESQUIEU. — Esprit des lois.

MOREAU. — Précis élémentaire de Droit constitutionnel.

PIERRE. — Traité de Droit politique électoral et parlementaire.

PROAL. — Le rôle du pouvoir judiciaire dans les Républiques. (*Revue politique et parlementaire*, juin 1908.)

ROUSSEAU. — Contrat social.

SIÉYÈS. — Qu'est-ce que le Tiers-Etat?

SIGNOREL. — Le contrôle du pouvoir législatif. (*Revue politique et parlementaire*, 1904.)

TOCQUEVILLE. — De la Démocratie en Amérique.

II. Auteurs étrangers.

Balbo. — Della Monarchia rappresentativa e della politica nella presente civiltá.

Broglio. — Studii Costituzionali.

Bryce. — La République américaine, 4 volumes.

Dicey. — Introduction à l'étude du Droit constitutionnel.

Laband. — Le Droit public de l'empire allemand.

Lampertico. — Lo Statuto ed il Senato.

Locke. — Essais sur le gouvernement civil.

Lowel (Laurence). — Le Gouvernement de l'Angleterre.

Orban. — Les immunités constitutionnelles, *Revue de Droit public*, anno 1895.

Orlando. — Principes de Droit public et constitutionnel.

Palma. — Corso di Diritto costituzionale, 3 volumes.

Vatel. — Le droit des gens.

Wilson. — L'Etat, 2 volumes.

— Le Gouvernement congressionnel.

Wolf. — Institutiones juris naturæ et gentium.

III. Périodiques et dictionnaires.

Block. — Dictionnaire de la politique : vᵒ Constitution, pouvoir constituant.

Dalloz. — Répertoire de législation : vᵒ Constitution.

Grande Encyclopédie. — Vᵒ Constitution.

Revue du Droit public; années 1895-1899.

Revue politique et parlementaire. — Archives parlementaires. — Moniteur. — Journal Officiel.

POSITIONS PRISES DANS LA THÈSE

I. — *Il y a une distinction « objective » entre les lois constitutionnelles et les lois ordinaires.*

II. — *En France, sous la Constitution actuelle, la distinction est « simplement formelle ». Elle découle d'une procédure révisionnelle spéciale.*

III. — *La distinction existant quant au fond et quant à la forme entre ces deux lois implique une sanction. Nécessité de sanctionner judiciairement les lois constitutionnelles.*

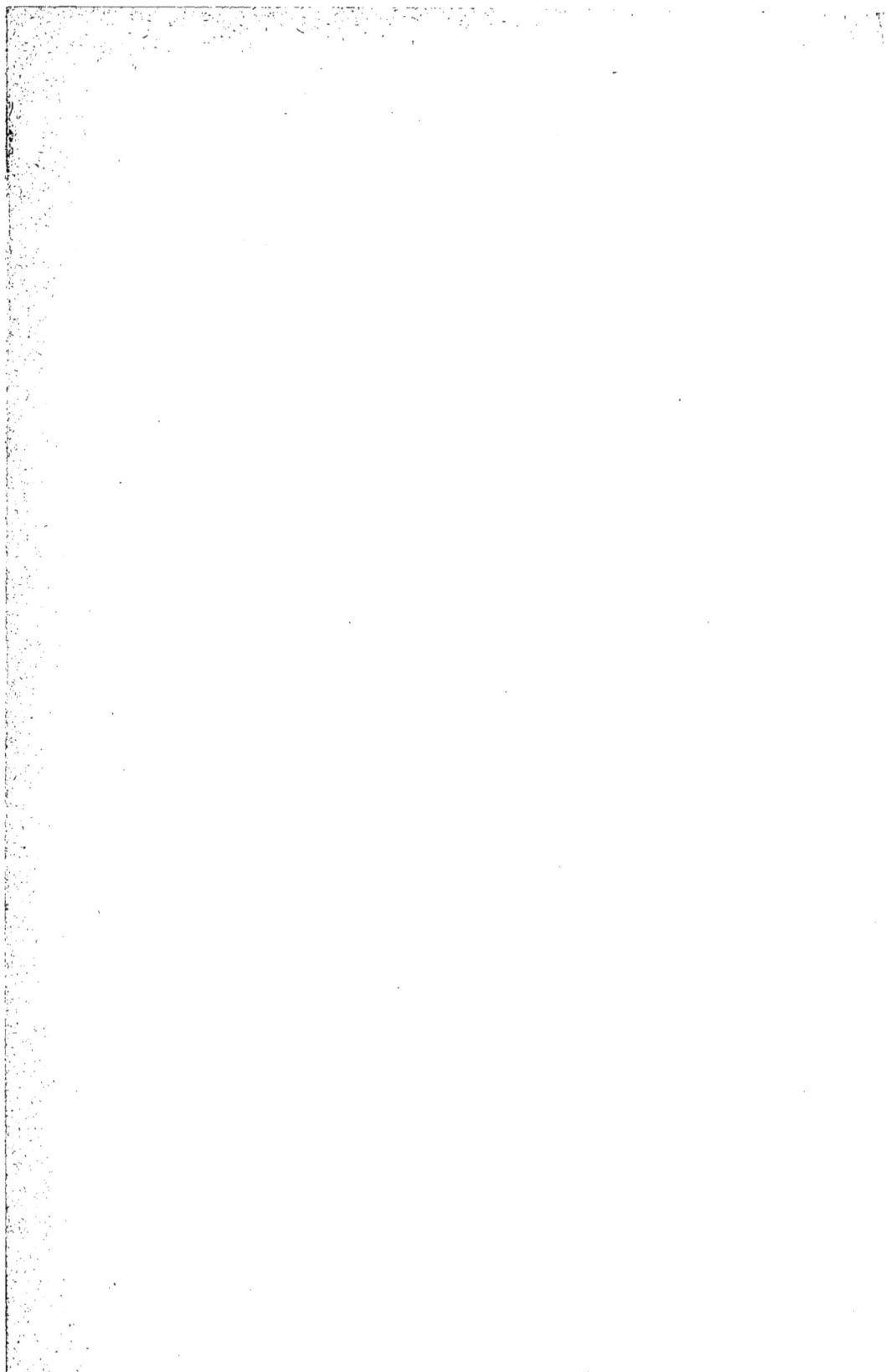

AVANT-PROPOS

———

Ce ne fut pas une idée peu féconde celle qui, dans les temps modernes, réussit à dégager ce principe que l'homme a des « droits » antérieurs à ceux de l'Etat. Cette conception nouvelle allait développer, avec une force singulière, l'empire de la liberté et accroître le champ de ses applications. Elle allait, surtout, transformer les rapports de l'Etat avec l'Individu et amener, par l'idéal démocratique, la collaboration de ces deux forces à la fonction gouvernementale. A la base de telles relations, pour les maintenir dans des limites nécessaires d'inter-dépendance et leur faciliter des rapports réciproques, les théoriciens ont posé la *Constitution*.

Or, qu'est-ce qu'une *Constitution*?

Est-ce le jeu régulier de simples traditions immé-moriales? Est-ce le fonctionnement normal d'un contrat originel systématique? Est-elle une chose parfaitement établie ou n'est-elle qu'une synthèse abstraite? Question, à coup sûr, très importante qui, non seulement divise les opinions doctrinales, mais présente des divergences profondes dans les solutions qu'en ont données les constitutionnalistes anciens et modernes. Problème, d'autre part, très intéressant à élucider, car c'est de l'une ou l'autre de ces hypothèses qu'on peut inférer la distinction ou l'assimilation des lois constitutionnelles et des lois ordinaires. Nous verrons, d'ailleurs, que toute la discussion se résume à cette alternative fondamentale : doit-on adopter une constitution écrite ou une constitution coutumière? Or, à ce point de vue, il semble bien que l'expérience de la plupart des pays se soit prononcée en faveur de la Constitution rigide, aussi bien l'Angleterre, seule, nous offrant encore l'exemple d'une nation n'ayant pas codifié son Pacte fondamental.

Voilà pourquoi il nous a paru logique de demander à la donnée française, en examinant, tout particulièrement, la conception révolutionnaire, ce que l'on doit entendre par le mot *Constitution* nous réservant de dégager de cette analyse les nombreuses conséquences qu'elle implique quant au sujet spécial que nous nous sommes proposé d'étudier.

Cependant, avant que d'arriver à notre sujet, nous croyons utile de faire remarquer que le mot *Constitution* est un néologisme d'un sens particulièrement arbitraire. Il s'applique à ces mécanismes plus ou moins ingénieux, plus ou moins heureux, agencés dans le but d'établir les institutions représentatives, comme l'application la plus féconde du principe de la souveraineté du peuple. L'étude de la Constitution suppose donc l'existence d'une organisation positive définie, spéciale à un régime de liberté politique avancé, et, dans ce sens, l'Assemblée constituante a écrit : « Toute Société dans laquelle la garantie des droits n'est pas assurée, ni la séparation des pouvoirs déterminée, n'a pas de Constitution. » La théorie révolutionnaire des Constitutions rigides est contenue dans cet article de la Déclaration des Droits.

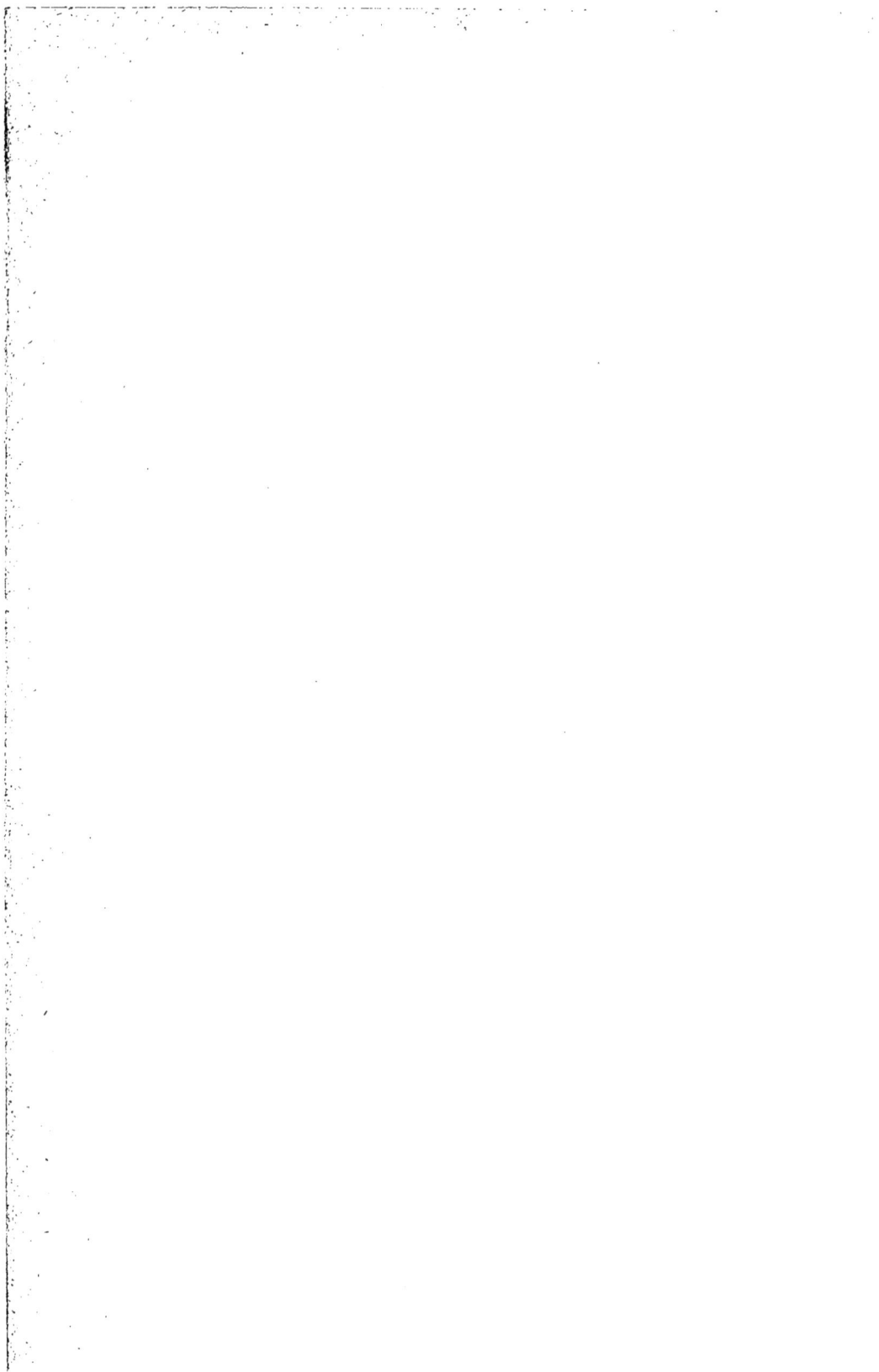

PREMIÈRE PARTIE

Théorie révolutionnaire
de la Constitution.

CHAPITRE PREMIER

La Constitution au sens de Texte écrit.

A vrai dire, la notion de *constitutionnalité* d'une loi, c'est-à-dire la recherche d'un critérium susceptible de distinguer *objectivement* une loi constitutionnelle d'une loi ordinaire, est un problème délicat. Aussi a-t-il fait commettre à certains auteurs de sérieuses erreurs et, parfois, de graves confusions. En l'espèce, beaucoup ont pris la forme pour le fond, et le signe pour la chose signifiée.

De Tocqueville, par exemple, croyait que le terme Constitution correspondait à une réalité concrète. Aussi, dans son esprit, l'acception du mot suppose un document politique défini. Cette erreur lui faisait écrire : « En Angleterre, on reconnaît au parlement le droit de modifier la Constitution. En Angleterre, la Constitution peut donc changer sans cesse, ou, plutôt, *elle n'existe point* (1) ». Et ailleurs : « L'Angleterre n'ayant point de Constitution écrite qui peut dire qu'on change sa constitution (2)? » De Tocqueville basait sa conviction sur une erreur d'*a priori*. Il avait en vue la Constitution française et c'est en pensant à la donnée du terme français qu'il voyait la chose derrière le mot. Ces méprises sont communes à l'esprit humain. « L'humanité, dit Stuart-Mill, a toujours été encline à conclure que là où il y a un terme, un nom, il doit y avoir aussi une existence qui lui correspond séparée et distincte (3) ».

Dans le sens où il prenait le mot Constitution, — et nous savons maintenant qu'il s'agit d'un texte fondamental codifié, statuant sur l'organisation générale des pouvoirs politiques d'un Etat, — de Tocqueville avait parfaitement le droit d'affirmer que la Constitution anglaise n'a pas d'existence réelle. Elle ne se présente pas, en effet, sous la forme d'un document écrit. Mais la

---

(1) A. DE TOCQUEVILLE, *La Démocratie en Amérique*, t. I., chap. VI, p. 160, éd. 1840.

(2) A. DE TOCQUEVILLE, *La Démocratie en Amérique*. En note du tome 1er, note L, p. 301, éd. 1840.

(3) STUART-MILL, *Système de logique*, t. II, L. V, pp. 283-313.

question reste entière de savoir si une institution politique n'est « constitutionnelle » que là où il y a un Statut
fondamental codifié. On est en droit de se demander,
somme toute, si la formule sacro-sainte d'un document
statutaire est le seul critérium d'une bonne Constitution.
Car, s'il en était ainsi, l'Angleterre devrait être rangée
au nombre des pays anarchiques, aussi bien ce « miroir
de la liberté », comme le nommait Montesquieu,
n'ayant pas cet instrument solennellement promulgué
que nous appelons Constitution. Elle serait ainsi au dernier rang des nations, car il n'est guère de peuples, « il
n'en est pas où la possession et l'exercice du pouvoir ne
soient point l'objet de quelques règles et où tout soit
livré à l'imprévu et au hasard (1) ».

Il est donc arbitraire de chercher le critérium d'une
bonne Constitution dans l'idée de loi tutélaire écrite.
A vrai dire, c'est surtout en ce sens qu'en France on
comprend la chose. Habituellement, les théoriciens
français appliquent au mot Constitution cette significa-
tion étroite. Ils voient en elle le texte explicite se distinguant des lois ordinaires par son caractère d'obligation
supérieure. La Constitution est une « loi suprême rédi-
gée majestueusement ». Et telle est la force de cette
tradition jacobine que cette superstition farouche du
texte a survécu jusqu'à nos jours. Et pourtant nous
n'avons plus, actuellement, les raisons qu'avaient les

_____

(1) DE VAREILLES-SOMMIÈRES, *Principes fondamentaux du Droit*,
p. 230.

2.

révolutionnaires de croire qu'elle serait la panacée universelle. Nos expériences constitutionnelles ont tant de
fois été malheureuses!

Les révolutionnaires, eux, devaient nécessairement
adopter le texte impératif. Nous sommes, en effet, une
nation qui rompit brusquement avec son passé. Dans
l'effort de libération qui suscita les institutions modernes, se développa le besoin de les garantir. Il était naturel de recourir à un document écrit pour dresser le plan
des nouvelles constructions systématiques : un plan qui
fût tout à la fois une tutelle et la description du nouvel
ordre de choses. Sur la table rase des traditions anciennes, il fallait fatalement élever une Constitution organique tangible, de toute pièce, et, pour ainsi dire, avec
la seule force d'un acte créateur, volontairement écrit.
Les législateurs de la Révolution n'ont pas évité l'inévitable, et c'est ainsi qu'ils basèrent leur édifice constitutionnel sur des principes rationnellement déterminés.

Ces données historiques expliquent qu'à chaque transformation de la structure gouvernementale on ait senti,
en France, le besoin de codifier en quelque sorte la matière constitutionnelle. L'expérience montre que les
Français ne séparent pas la nature de la Constitution de
son langage explicitement formulé. Ils en ont fait, à
diverses reprises, « une œuvre d'art et de raison (1) ».

Au surplus, ils ont pensé qu'il y avait un intérêt primordial à la codification constitutionnelle. Indépendam-

_____

(1) E. Boutmy, *Etudes de Droit constitutionnel*. p. 5, éd. 1885.

ment de la supériorité qu'implique la loi écrite sur les dispositions coutumières, il y a dans cette codification une conséquence inappréciable et toujours recherchée par nos théoriciens : c'est l'établissement d'une distinction entre la loi constitutionnelle et la loi ordinaire.

Effectivement, réduit à la forme du statut codifié, le Pacte fondamental se différencie mieux des lois de circonstance. Il domine les textes ordinaires de toute la majesté de sa rédaction solennisée. Il devient la Loi suprême de l'État, la Loi des lois ou Loi des garanties. Et nous savons que dans la théorie révolutionnaire il n'y a de véritable garantie des droits que là où la Constitution rigide s'affirme par la solennité de ses dispositions essentielles, supérieure au législateur ordinaire; et, comme le proclamait Robespierre, là où elle « brille à la tête du Code public (1) » immuable et intangible. Voilà les raisons qui ont fait qu'en France une Constitution est une œuvre systématiquement écrite, quelque chose comme une ode ou une tragédie, ainsi que, plaisamment, le faisait observer Joseph de Maistre.

En Angleterre, au contraire, où les institutions nationales n'ont jamais subi de changement radical, — au moins depuis la Restauration, — la Constitution fonctionne par le simple jeu de pouvoirs traditionnels. Elle est coutumière, flexible, en partie non écrite. Elle s'éloigne, par conséquent, de l'idée que nous nous en faisons.

_____

(1) ROBESPIERRE. *Discours à la Convention*, séance du 10 mai 1793.

Elle ne répond pas à nos conceptions, habitués que nous sommes aux préoccupations statutaires ou codificatrices. Aussi, dans ce pays, la distinction entre Constitution et loi n'est pas connue. Le Parlement étant absolument souverain peut, à son gré, modifier par une simple loi le principe même des institutions anglaises : ce que de Lolme exprimait dans une boutade pittoresque devenue proverbiale : « C'est un principe fondamental pour les Jurisconsultes anglais que le Parlement peut tout faire sauf changer une femme en homme et un homme en femme (1) ». Un semblable pouvoir est exclusif de toute limitation constitutionnelle.

Vainement, on objecterait que la Constitution anglaise est basée sur des documents écrits, comme la Grande Charte de 1215, ou sur des lois importantes comme le Bill of Rights (Loi des Droits) de 1688. Outre que le Parlement anglais ne connaît pas de lois inviolables, l'objection serait mal fondée, car la fameuse Grande Charte n'a jamais été qu'une ordonnance royale et le Bill of Rights un pacte du Parlement lui-même. On serait mal venu, par conséquent, à chercher, vaille que vaille, une distinction qui n'existe point en Angleterre entre les lois constitutionnelles et les lois ordinaires.

Cela ne veut pas dire, néanmoins, que l'Angleterre n'a pas de Constitution. En jouant sur le mot, l'erreur serait facile à commettre. Seulement, cette Constitution, au lieu d'être rigide, c'est-à-dire écrite et partant diffé-

_____

(1) DE LOLME, *Constitution d'Angleterre*, ch. X, p. 77.

renciée des autres lois, est simplement flexible, c'est-à-
dire coutumière et, somme toute, à la merci de l'omnipotence parlementaire. Au fond, il n'en est pas moins
vrai que l'Angleterre, avec le traditionnalisme constitutionnel, avec la loi simple et ordinaire, s'est adaptée mer-
veilleusement aux conditions nouvelles du gouvernement représentatif; elle en a subi, sans à-coups, les
transformations profondes. Par ailleurs, malgré son
« conservatisme politique », l'Angleterre n'en a pas
moins donné l'exemple de la vraie liberté. On a pu dire
avec juste raison que ce pays a été « le berceau du Droit
constitutionnel (1) ».

---

(1) ORBAN. *Des immunités constitutionnelles.* (*Revue du Droit
public*, 1895, janvier à juin.)

CHAPITRE II

Critiques de la conception d'une Constitution exclusivement écrite.

En opposant la conception anglaise à la donnée française, notre but n'a pas été de nous complaire à des rapprochements antithétiques. Il nous a semblé que l'expérience anglo-saxonne réfutait sagement le dogmatisme constitutionnel français et nous avons saisi l'occasion d'en tirer une leçon.

Cette leçon nous enseigne que la valeur juridique d'une Constitution est aussi forte quand elle dérive d'une synthèse abstraite que lorsqu'elle résulte d'un document analytique défini. Pour échapper aux violations arbitraires, le tout n'est pas qu'une loi constitutionnelle soit écrite, il faut encore quelle puisse s'imposer par la force, qu'il n'y ait aucun obstacle dont elle ne triomphe. Or, ce but suppose des moyens beaucoup plus efficaces que la simple présomption d'une différenciation systématique entre elle et les lois ordinaires.

De Tocqueville, lui-même, avait l'esprit trop judicieux pour ne pas le reconnaître. Dans son beau livre : *De la Démocratie en Amérique*, il y a comme une réponse aux critiques que nous élevions plus haut contre lui et elle se dégage de ce passage : « Il y a, écrit-il, dans la Constitution de tous les peuples, *quelle que soit du reste sa nature*, un point où le législateur est obligé de s'en rapporter au bons sens et à la vertu des citoyens. Ce point est plus rapproché et plus visible dans les républiques, plus éloigné et caché avec plus de soin dans les monarchies, mais il se trouve toujours quelque part. Il n'y a pas de pays où la loi puisse tout prévoir et où les institutions doivent tenir lieu de la raison et des mœurs (1). » Ce qui revient à dire qu'il n'y a pas de lois, ni de Constitutions inviolables là où elles sont meilleures que les mœurs. La pratique coutumière a souvent raison des codifications transcendantes.

Toutefois, c'est à Joseph de Maistre qu'il incombait de soutenir, non sans ironie, que la Constitution n'est pas une œuvre humaine. Un point est avéré, c'est qu'elle ne peut être universelle. Elle ne peut être élaborée ni *par* l'homme, ni *pour* l'*Homme* car, écrit spirituellement de Maistre, « il n'y a point d'homme dans le monde. J'ai vu des Français, des Italiens, des Russes, etc.; je sais même, grâces à Montesquieu, qu'on peut être persan. Mais quant à *l'homme*, je déclare ne l'avoir rencontré dans ma vie, s'il existe c'est bien à mon insu (2) ». Il

---

(1) De Tocqueville. *op. cit.*, t. 1, chap. VIII, p. 196, éd. 1840.
(2) J. de Maistre. *Considérations sur la France*. chap. VI.

entendait réfuter par là la théorie dogmatique des Constituants de 1789, qui proclamaient philosophiquement les « Droits de l'Homme ».

Bien mieux, le publiciste catholique aimait à critiquer la théorie des constitutions écrites, parfois au prix de véritables paradoxes. Dans un traité spécial à ces questions, il écrivait : « On ne constitue pas une nation avec du papier ni avec de l'encre (1) », et il développait sentencieusement les propositions suivantes :

I. Les racines des Constitutions politiques existent avant toute loi écrite.

II. Une loi constitutionnelle n'est et ne peut être que le développement ou la sanction d'un droit préexistant non écrit.

III. Ce qu'il y a de plus essentiel, de plus intrinsèquement constitutionnel et de véritablement fondamental n'est jamais écrit et même ne saurait l'être.

IV. La faiblesse et la fragilité d'une Constitution sont en raison directe de la multiplicité des articles constitutionnels écrits.

Par où l'on voit dès lors que J. de Maistre, hostile à toute codification constitutionnelle, battait en brèche l'opinion commune en France, qu'une loi constitutionnelle doit être écrite et distincte des lois ordinaires.

En présence de ces deux théories contradictoires nous avons à chercher celle qui paraît la plus exacte. Et la

---

(1) J. de Maistre, *Essai sur le principe générateur des Constitutions écrites*, t. I, p. 243 ss., éd. 1884.

question n'est pas aisée puisque nous les considérons toutes deux exagérées. Au fond, il y a, selon nous, autant d'erreur de croire qu'il y ait une incompatibilité absolue entre une règle fondamentale et son expression écrite, que de penser à l'inverse que toute loi fondamentale doit être nécessairement écrite. La question étant très complexe, n'autorise pas les solutions *a priori*. Elle ne saurait être posée, abstraction faite du milieu, des circonstances et des faits. En tout cas, la forme sacramentelle de la Loi de Constitution n'est pas un critère de différenciation bien sérieux. Cela supposerait un texte constitutionnel parfait, en ce sens qu'il devrait coordonner tout ce qui compète au Droit public. Or, il faut poser en fait que dans les pays où la codification du Pacte fondamental est la plus parfaite même là où le Statut constitutionnel est techniquement perfectionné, il y a des questions vitales qui échappent à sa réglementation. Et ce ne sera pas là le moindre des arguments que nous aurons plus tard à réfuter, puisque c'est sur lui, comme nous le verrons, que se basent les théories assimilatrices des deux lois.

En somme, les limites objectives que nous dégagerons plus loin, entre les deux lois, sont à coup sûr vacillantes. En dépit du perfectionnement que pourrait recevoir une Charte gouvernementale, il est inévitable qu'il se greffe, à la longue, une superposition de coutumes aux dispositions primitives. La précision, en cette matière, ne peut être à ce point parfaite qu'elle puisse empêcher les modifications de la pratique. Des nécessités imprévues, des besoins nouveaux exigent souvent la création d'organes appropriés aux nouvelles théories, de telle façon que, par comparaison avec le mécanisme récent, l'ancien instrument constitutionnel se trouve complètement faussé. Et ici les exemples abondent si bien qu'on peut affirmer qu'en France on a vécu et on vit encore en marge de la Constitution.

C'est ainsi que nous avons pris en Angleterre l'exemple du gouvernement de cabinet. Ce système ingénieux commença à fonctionner chez nous sous la Restauration. Où trouvons-nous inscrit cependant, dans les chartes de 1814 ou de 1830, le principe de la responsabilité ministérielle? Quels textes réglementent la procédure par laquelle il s'exerce? De même, de nos jours, la responsabilité parlementaire des ministres a été inscrite dans la loi constitutionnelle du 25 février 1875, mais elle ne s'y trouve exprimée qu'avec une précision apparente. Il reste que beaucoup de règles n'ont aucune détermination légale. Et pourtant, « la responsabilité ministérielle est la pièce essentielle de notre système de gouvernement (1) ».

Quand la Constitution est muette ou laconique, passe encore si la coutume vient suppléer à son imprécision. Il faut bien gouverner et, dans ce but, improviser, au besoin, une ligne de conduite. Mais, que dire dans le cas où la coutume, loin de susciter les rouages absents, se permet de violer ceux qui existent; loin de créer des

---

(1) ESMEIN, *Eléments de Droit constitutionnel*. p. 619. éd. 1896.

règles indispensables se borne à annihiler et la lettre et
l'esprit du texte explicite? Ici, nous pourrions multiplier
les exemples. Mais nous ne reprendrons que le précédent parce qu'il est topique.

Nous avons dit plus haut que la responsabilité ministérielle avait été prévue par l'article 6 de la loi du 25 février 1875. Mais où trouve-t-on qu'un cabinet est démis-
sionnaire dès l'instant que sa responsabilité est engagée
seulement devant *la Chambre*. En pratique même, la
coutume va plus loin puisqu'un ministère démissionne
bien qu'il ait la majorité pour lui, si cette majorité est
faible. Et pourtant, le texte est précis : « Les **ministres**,
dit la Constitution, sont responsables devant *les Chambres*. Il est inutile de discuter : il suffit de lire. La Constitution ne dit pas devant la Chambre, elle dit devant les
Chambres. Ce pluriel n'a pas été mis au hasard. Ou la
phrase n'a aucun sens, ou elle signifie que si le cabinet
demande un vote de confiance à la Chambre, il doit aussi
le demander au Sénat, en d'autres termes, que le Sénat
peut renverser les ministres tout comme la Chambre.
Ce n'est pas là sans doute la Constitution sous laquelle
nous vivons; mais c'est la Constitution sous laquelle
nous devrions vivre, c'est celle qui a été votée par l'Assemblée Nationale(1). »

Du reste, même aux Etats-Unis où la Constitution
fédérale se présente comme un système parfait et complet de garanties traditionnelles, où le Statut constitu

----

(1) Paul LAFFITTE, *La vraie constitution de 1875. (Revue de Droit
public.* 1895, janvier à juin.)

tionnel prend la forme d'un document parfaitement
explicite et où, par conséquent, l'idée de constitution
implique le jeu régulier de l'organisme politique sur la
base et dans les limites d'un contrat originel, même en
Amérique, la loi fondamentale a subi des transformations aussi notables que celles qui, en France, ont dé-
formé la Constitution de 1875. Pour illustrer cette remarque d'un exemple classique, il nous suffira de
rappeler les modifications nombreuses que la pratique
électorale a fait subir à la disposition constitutionnelle
statuant sur le fonctionnement du collège des délégués
présidentiels. Les créateurs du système voulaient faire
dépendre l'élection du Président de l'adoption du vote
à deux degrés. En premier lieu, le peuple devait élire
les électeurs présidentiels. A leur tour, ceux-ci n'avaient
qu'à choisir l'homme le plus digne d'occuper le haut
poste de la Présidence. Mais les auteurs de cette combinaison avaient compté sans la force modificatrice de la
coutume. En fait, le Président est élu par les Assemblées
des partis, parce que les électeurs présidentiels sont de-
venus un simple rouage, destiné à enregistrer les décisions des Comités dont ils tiennent leur propre mandat.
On sait que chaque parti convoque pour désigner ces
électeurs une sorte de Convention nationale et ce sont,
précisément, « ces assemblées des partis, dont la Constitution ne parle pas, qui jouent en fait et de beaucoup
le rôle le plus important dans la machine électorale (1) ».

(1) W. WILSON, L'État, Le gouvernement des États-Unis, t. II,
p. 304, éd. 1902, BOUCARD et JÈZE.

Les exemples qui précèdent démontrent bien à quelle impossibilité manifeste on aboutit, quand on prétend coordonner dans une codification complète les matières même strictement constitutionnelles. Malgré la rigueur impérative du texte écrit, il y a certaines parties essentielles du Droit public qui subissent, par la voie coutumière, une transformation radicale. Par ailleurs, certaines autres échappent à toute formule statutaire. Tout cela prouve que les assises politiques d'un grand pays exigent des lois constitutionnelles en rapport avec les mœurs sociales et qu'un Statut fondamental, devançant l'opinion publique, est voué aux coups des insurrecteurs.

Par où l'on entrevoit combien il nous sera malaisé d'établir une différenciation objective entre ce qui est constitutionnel et ce qui ressortit au domaine de la loi simple. Nous essaierons, du moins, de le faire plus loin. En tout cas, l'expérience s'est chargée de démontrer que le concept de Constitution, entendu dans le sens d'une formule définie, était arbitraire ou dangereux. Car, ou bien la loi fondamentale s'est adaptée aux combinaisons politiques nouvelles, en se déformant dans sa lettre et son esprit, et alors elle est devenue simplement coutumière; ou bien elle s'est dressée inflexible contre les tendances modificatrices et alors, ne pouvant se plier, dut se briser sous la poussée de l'insurrection. Ce dilemme fatal indique que la Constitution n'est pas l'instrument politique défini que supposait de Tocqueville. Nous verrons plus loin s'il est différencié des lois ordinaires, ainsi que le déclare une certaine école constitutionnelle française.

CHAPITRE III

La Constitution au sens de " Loi Suprême ".

————

Nous avons vu que dans la donnée révolutionnaire le concept de « Constitution » impliquait nécessairement l'idée de loi écrite. C'est que, dans l'esprit des Constituants d'alors, la codification ostentatoire devait imprimer à la loi fondamentale un caractère d'obligation suprême. A vrai dire, s'ils ont conçu la loi constitutionnelle sous une forme statutaire, ce fut pour la mieux différencier des lois de conséquence, partant pour la rendre inviolable à l'égard du législateur ordinaire. Or, l'idée de suprématie suppose une différenciation en degrés. Au fond, toute la distinction qui nous occupe, entre les deux lois, se rapporte à cette hiérarchie particulière.

Logiquement d'ailleurs, la Constitution n'aurait aucune raison d'être, si les lois ordinaires pouvaient étendre leur pouvoir de réglementation au delà des limites qu'elle leur trace. Il est tout au moins permis d'affirmer qu'un Statut serait sans objet qui n'aurait pas le pouvoir de soustraire aux errements parlementaires les dispositions capitales qu'il a pour but de sauvegarder. Et voilà pourquoi, dans une démocratie plus que sous tous autres régimes, ce Statut fondamental doit être supérieur aux lois ordinaires. Voilà aussi pourquoi sa primauté juridique nous apparaît comme un axiome de Droit constitutionnel. Que l'on y réfléchisse et l'on verra, qu'à peine de contradiction, il est impossible de lui dénier au moins cette puissance dogmatique.

La transcendance de la loi constitutionnelle est une conception très ancienne. Elle a reçu son plein épanouissement dans la période contemporaine, mais la notion en remonte à l'ancien régime. Effectivement, dès le quatorzième siècle, la notion d'une loi fondamentale est parfaitement dégagée. C'est à cette époque que commence à s'établir la distinction célèbre des « Loix du Roy » et des « Loix du Royaume ». Or, au fond, ces fameuses « Loix du Royaume » n'étaient, sous leur forme coutumière et avec leur autorité toute traditionnelle, que de véritables Lois fondamentales. On ne peut guère s'y méprendre, si l'on se reporte au sens technique du mot.

Le domaine restreint de cette étude ne nous permet pas de longs développements sur l'ancienne distinction. Il nous paraît suffisant de faire remarquer que les « Loix du Royaume » eurent une autorité incontestable et furent de pratique courante. Si l'on songe, par exemple, à l'application constante que fit l'ancienne royauté des règles dévolutives de la Couronne; si l'on se rappelle que c'est en vertu d'une « Loi du Royaume » que furent convoqués les Etats Généraux, où, au cours de ces assises solennelles, les représentants de la Nation se permirent de sévères remontrances à l'adresse des rois (1), il n'est guère possible de ne pas considérer ces anciennes « Loix du Royaume » comme de véritables lois fondamentales. Sans doute, sous les règnes très personnels de Louis XIV et de Louis XV, la majeure partie de ces fameuses lois subit une longue éclipse, mais l'essentiel est de constater qu'elles ne furent pas complètement oubliées, puisque la philosophie du dix-huitième siècle en fit l'objet même de ses spéculations. Aussi la conception devait-elle être reprise avec une singulière vigueur par les théoriciens de l'Ecole naturaliste.

Chez les jurisconsultes de l'Ecole du Droit de la nature et des gens, la notion de loi fondamentale est si nettement dégagée qu'il est logique de leur attribuer la distinction des lois constitutionnelles et des lois ordinaires. Dans leur conception, la loi constitutionnelle se présente

(1) Nous faisons surtout allusion aux mâles accents de Philippe Pot prononcés à la réunion des E. G. de 1484. Voir, *Journal de Jehan Masselin*, pp. 149 à 155. On trouve une énumération des principales lois fondamentales dans GLASSON. *Histoire du Droit et des institutions de la France*, t. VIII, p. 159. — Voir aussi : J. GAJAC, *De la distinction des lois constitutionnelles et des lois ordinaires*. thèse Bordeaux, 1903.

comme une donnée rationnelle basée sur les principes
absolus de la justice. Elle n'est qu'un ensemble de nor-
mes juridiques conçues par notre raison, indépendantes
de toutes règles émanées du Droit positif. Pour les adep-
tes de l'Ecole naturaliste, la loi fondamentale est, par
cela même, supérieure aux dispositions législatives de ce
Droit positif. Elle s'oppose aux éléments juridiques créés
par la législation ordinaire, car celle-ci sanctionne le
fait. Or, la loi fondamentale est antérieure à toute manifestation historique, antérieure même à la genèse du
Droit puisqu'elle est préalable à toute organisation sociale dont elle devient le « contrat » originel.

Ces spéculations « métapolitiques » devaient entraîner
une importante conséquence : la Société étant d'obligation naturelle nécessite des règles organiques souveraines, c'est-à-dire des règles supérieures aux lois ordinaires. Ces règles sont souveraines parce qu'elles ont pour
but d'assurer la reconnaissance des droits naturels de
l'homme et elles doivent être observées aussi bien par le
souverain que par le sujet. « La société, dit Wolf, a pa-
reillement le droit de dresser les lois conformément auxquelles, l'Empire doit être exercé et celui auquel
l'Empire est déféré, se trouve dans l'obligation d'observer ces lois. On les nomme lois fondamentales
de la société (1) ». Et dans Wolf, la distinction est si

---

(1) Wolf. *Institutiones juris naturæ et gentium*, L. 7, chap. Ier,
n° xciii. trad. Formet.

parfaite qu'il les oppose aux lois civiles dont il fait ensuite la théorie. Bien avant, Locke avait déjà écrit : « Les
lois de nature subsistent toujours comme des règles
éternelles pour tous les hommes, pour les législateurs
aussi bien que pour les autres (1).

Ces théories de l'Ecole rationaliste ne devaient pas
rester purement spéculatives. La philosophie du dix-huitième siècle avait nettement dégagé le concept de loi
fondamentale. Il ne restait plus qu'à le vulgariser. Ce
fut là, précisément, la tâche des publicistes révolutionnaires. Aussi est-il aisé de remarquer qu'après 1789 la
loi fondamentale des théoriciens du droit naturel devint
la loi constitutionnelle révolutionnaire. Elle fut non
seulement déclarée supérieure aux lois ordinaires, mais
elle se présenta pratiquement sous la forme d'un contrat explicite. Elle apparut, ainsi, comme une réédition
de ce fameux contrat social que Rousseau avait dit exister à l'origine des sociétés humaines (2).

Au surplus, un élément étranger vint, à cette époque,
démontrer que l'élaboration d'une Constitution basée
sur des principes philosophiques n'était pas de l'idéologie pure, sans possibilité d'application pratique ou de
réalisation positive. L'exemple venait des Constitutions
américaines. Rédigées dès 1776, elles étaient bien con-

---

(1) Locke, *Essais sur le Gouvernement civil*, cx.

(2) « Toute constitution politique, surtout dans les pays à suffrage universel, n'est autre chose qu'un renouvellement du Contrat
Social et cette fois un renouvellement solennel par écrit et devant
témoins. » A Fouillée, *Science sociale contemporaine*, p. 11.

nues en France et particulièrement à Paris où l'on se passionnait pour les choses d'Amérique, à ce point que dans l'esprit de nombreux philosophes la Constitution fédérale réalisait le modèle et comme l'archétype des Constitutions futures. Les Français, qui avaient prêté aux Etats-Unis l'appui de leurs armes, apprenaient avec sympathie les succès de la liberté dans ce pays. L'opinion publique exigea chez nous l'établissement d'une Constitution écrite. Elle réclama la proclamation solennelle d'une Déclaration des Droits de l'homme, à l'instar de la Déclaration des Droits du peuple de Virginie.

L'exemple était tentant. On pouvait lire, en effet, dans cette Déclaration, que « toute autorité appartient au peuple et, par conséquent, émane de lui; qu'aucun droit ne peut être héréditaire, que les trois pouvoirs doivent être séparés et distincts, que la liberté de la presse ne peut pas être restreinte, que le pouvoir militaire doit être exactement subordonné au pouvoir civil. Et il semblait que ce fût la réalisation même des théories françaises, la pensée de Mably vivante et combattante. On juge quel fut l'enthousiasme des amis de la liberté, des patriotes français. C'est à partir de la Révolution d'Amérique que leurs idées parurent réalisables et se propagèrent irrésistiblement. La Fayette a appelé cela l'ère américaine (1) ».

Sous l'influence, par conséquent, des théories de

_____

(1) AULARD, *Histoire politique de la Révolution française*, éd. 1901, pp. 19-21.

l'École rationaliste et à raison de l'exemple venu d'Amérique, les Constituants de 1789 ne pouvaient guère adopter que le type d'une Constitution rigide. Avant la réunion des États-Généraux, les députés de la nation avaient, d'ailleurs, reçu mandat de réorganiser l'État sur les bases fondamentales d'un texte écrit. Il ne faut pas oublier que ce vœu était exprimé tout au long des *cahiers* que les députés tenaient de leurs commettants. Les représentants du Tiers, surtout, étaient décidés à pousser jusqu'au bout le principe de la souveraineté du peuple et à rompre au besoin avec les traditions absolutistes de la royauté. Ils voulaient une Constitution. Il ne s'agissait pas seulement de transmettre le pouvoir législatif à une « Assemblée nationale » émanée de la souveraineté du peuple, il fallait encore limiter, par un contrat, les pouvoirs de cette souveraineté elle-même. On songea, dès lors, à placer le pouvoir législatif sous la dépendance immédiate d'une loi fondamentale. Le Souverain ne consentait une délégation de pouvoirs qu'à la condition de sauvegarder ses droits réservés. Il réclama une déclaration irrévocable et solennelle, un contrat final, supérieur aux dispositions que prendraient par la suite les férents pouvoirs, émanés du Souverain lui-même.

Les Constituants révolutionnaires furent ainsi logiques avec eux-mêmes. En renouvelant les institutions politiques, ils s'ingénièrent à élaborer une loi constitutionnelle écrite, supérieure aux lois ordinaires. La distinction célèbre devenait ainsi un axiome du Droit constitutionnel français. Reste cependant à nous demander comment les Constituants révolutionnaires cherchèrent à assurer la précellence de cette loi constitutionnelle sur les autres lois.

Aucun point de l'organisation nouvelle ne préoccupa autant les politiciens révolutionnaires que la partie relative à la protection de la Constitution. Sans doute, chez eux, la loi fondamentale se présente théoriquement sous l'aspect d'une loi d'obligation suprême, mais il faut rechercher, au surplus, par quels moyens ils essayèrent de la placer pratiquement hors des atteintes modificatrices de la législature ordinaire. A ce point de vue, il nous semble que les Constituants aient recouru à trois moyens : 1° aux déclarations d'allure sentimentale; 2° aux procédures révisionnelles; 3° à la création d'un pouvoir « constituant » distinct du pouvoir « législatif ».

Nous n'insisterons pas sur le premier moyen. Il prouve que les hommes de la Révolution avaient, dès le début, comme la prescience d'un insuccès. Ils savaient parfaitement qu'ils proclamaient des règles sans sanction, qu'ils optaient pour des maximes politiques basées sur l'instabilité de l'opinion publique. Et cependant, ils estimaient suffisant de faire appel au civisme du peuple pour annuler toutes dispositions inconstitutionnelles. De là ces déclarations sentimentales que nous retrouvons dans un grand nombre de textes fondamentaux. On lit, par exemple, dans la **Constitution de** 1791 : « L'Assemblée nationale constituante remet le dépôt de la Constitution à la fidélité du Corps législatif, du Roi, et des Juges, à la vigilance des pères de famille, aux épouses et aux mères, à l'affection des jeunes citoyens, au courage de tous les Français (1) ». La Constitution de 1793 se recommandait au patriotisme des citoyens. La Charte de 1830 s'en remettait aux vertus publiques. Quant à l'Assemblée nationale de 1848, comme ses devancières, elle s'adressait au patriotisme des Français. Faible moyen que ce recours à un sentimentalisme inutile. Tout au plus si ces déclarations banales exprimaient cette vérité péremptoire que les Constitutions valent ce que valent les peuples qui en doivent user. Or, au fond, il s'agissait bien d'autre chose que d'énoncer des maximes politiques aux sanctions simplement morales. En tout cas, ce ne fut pas en vain que les Constituants en appelèrent à l'incoercible puissance de l'opinion publique. On l'habitua désormais à considérer l'établissement d'une Constitution comme un « concours perpétuel ouvert à qui saurait mieux faire (2) ».

Pour la protection de la loi fondamentale, les Constituants imaginèrent aussi le système des procédures révisionnelles. Nous ne nous étendrons pas sur ce point parce que nous verrons, au cours de la deuxième partie,

---

(1) *Constitution de 1791*, titre VII, art. 8. Nous n'avons pas d'ailleurs le monopole de ces déclarations banales. Il semble même que l'exemple en vienne d'Amérique. Dans la déclaration votée en 1776 par la Convention de l'Etat de Virginie on trouve : « Ni un gouvernement libre, ni le bienfait de la liberté ne peut être préservé chez aucun peuple que par une ferme adhésion à la justice, à la modération, à la tempérance, à la frugalité et à la vertu. » Voir P. JANET, *Histoire de la science politique*, t. I, p. 21.

(2) BOUTMY, *op. cit.*, p. 6, éd. 1885.

comment ils s'ingénièrent à rendre les révisions de plus
en plus laborieuses et par quels artifices procéduriers ils
essayèrent de mettre la Constitution à l'abri de trop brusques modifications. D'ailleurs, pour l'application du système révisionnel, les Constituants imaginèrent la séparation fameuse du pouvoir constituant et du pouvoir
législatif, création originale destinée, d'après eux, à assurer la suprématie de la loi constitutionnelle sur la loi
ordinaire et à l'étude de laquelle nous devons maintenant arriver.

Dans la pure doctrine révolutionnaire, si le peuple a
le droit de se donner une loi fondamentale, il a logiquement le droit de la réviser quand et comme il lui plaît.
C'est la conception même de Rousseau et de Siéyès. « En
tout état de cause, lit-on dans le *Contrat social,* un peuple est toujours maître de changer ses lois, même les
meilleures; car, s'il lui plaît de se faire mal à lui-même,
qui est-ce qui a le droit de l'empêcher (1)? » Et dans
la brochure célèbre de Siéyès, on lisait : « Dira-t-on
qu'une nation peut, par un premier acte de sa volonté.
s'engager à ne plus vouloir, à l'avenir, que d'une manière déterminée? D'abord, une nation ne peut ni s'alié-
ner, ni s'interdire le droit de vouloir; et quelle que soit
sa volonté, elle ne peut pas perdre le droit de la changer,
dès que son intérêt l'exige. En second lieu, envers qui
cette nation se serait-elle engagée? Je conçois comment
elle peut obliger ses membres, ses mandataires, et tout

---

(1) ROUSSEAU, *Contrat social,* L. II, ch. XII.

ce qui lui appartient; mais, peut-elle, en aucun sens, s'imposer des devoirs envers elle-même? Qu'est-ce qu'un contrat avec soi-même (1) ? »

De cette conception est sortie la distinction du pouvoir constituant et du pouvoir législatif. L'un eut pour compétence le vote des lois constitutionnelles et l'autre le vote des lois ordinaires. De la sorte, le pouvoir de modifier la loi constitutionnelle fut enlevé à la législature ordinaire et il semblait aux esprits, même les plus sérieux, que la séparation des deux pouvoirs entraînait par cela même une différence de nature entre les deux lois; qu'elle impliquait, tout au moins, la supériorité de la loi fondamentale sur les lois de conséquence. Au surplus, pour assurer exactement la primauté juridique de la première sur toutes les autres, les théoriciens révolutionaires admirent, non pas seulement que la loi constitutionnelle s'imposait au respect absolu du pouvoir législatif, mais encore que le pouvoir constituant n'y pouvait toucher lui-même qu'avec une extrême circonspection et en se conformant à une procédure préalablement déterminée. De là ces procédures révisionnelles dilatoires, dont nous parlions plus haut, qui réussirent, tout au plus, à décourager les bonnes volontés et qui menèrent le plus souvent sur le chemin des Coups d'Etat. Mais la théorie ne paraissait-elle pas parfaite? La France n'avait-elle pas une Consti-

---

(1) Siéyès. *Qu'est-ce que le Tiers-Etat?* p. 159.

tution écrite, placée au-dessus du pouvoir législatif, et supérieure dans ses dispositions statutaires aux décisions émanées de la législature nationale? C'est ce qu'il reste à examiner. Nous verrons dans le chapitre suivant si une distinction essentielle entre les deux lois était sortie de la distinction des deux pouvoirs, et, tout d'abord, si la loi constitutionnelle a atteint son but.

CHAPITRE IV

Critique de la conception de Constitution au sens de loi suprême.

Bien que dans la hiérarchie juridique les lois constitutionelles aient été placées, par les publicistes de la Révolution, au-dessus des lois ordinaires, il n'en reste pas moins vrai qu'en pratique ces lois fondamentales ont toujours été à la merci des Assemblées législatives. Faute d'avoir prévu une combinaison juridique de sanctions positives, pour la garantie de leur supériorité, ces lois suprêmes, à l'application, sont restées au-dessous de leur rôle. La Constitution révolutionnaire a manqué son but.

Différenciées de la loi ordinaire quant à leur force, nos Constitutions révolutionnaires n'ont pu empêcher l'arbitraire des Assemblées. Malgré les déclarations grandiloquentes qu'elles renfermaient, il est avéré que jamais

les droits essentiels de l'homme ne « furent aussi peu
assurés, on peut presque aller jusqu'à dire aussi complètement inexistants qu'au plus fort de la Révolution
française (1) ».

Différenciées ensuite, quant à leur durée, pas une de
ces Constitutions immuables n'a pu offrir l'exemple
d'une application relativement longue. En fait, chacune
de nos Constitutions n'a pas duré en moyenne plus
de dix ans. Comme l'écrivait le professeur Dicey, il y a
là de quoi faire sourire le critique qui songe « aux
efforts inutiles faits en France pour rendre immuables
les Constitutions (2) ».

C'est donc sans paradoxe que Dicey a pu soutenir
qu'en France les lois ordinaires étaient plus stables et
mieux obéies que les lois constitutionnelles. Chose
étrange, la situation est inverse en Angleterre. « Nulle
part, affirme M. Dicey, les changements dans les con-
victions ou dans les désirs populaires n'ont trouvé une
expression aussi rapide et aussi immédiate dans les modifications du droit que dans la Grande-Bretagne pendant le dix-neuvième siècle et spécialement pendant sa
dernière moitié. La France est le pays des révolutions.
L'Angleterre est renommée pour son conservatisme;
mais un coup d'œil jeté sur l'histoire du droit de cha-
cun de ces pays fait apparaître l'existence d'une erreur

---

(1) Dicey, *Introduction à l'étude du Droit constitutionnel*, p. 177,
éd. 1902, Boucard-Jèze.

(2) Dicey, *op. cit.*, Appendice, note 1, p. 378, éd. 1902, Boucard-
Jèze.

dans l'opposition qu'on se plaît à faire entre la mobilité française et l'immobilité anglaise. En dépit des révolutions faites à Paris, les prescriptions fondamentales du Code Napoléon sont restées debout, en grande partie sans modifications, depuis sa publication en 1804; avant 1900, le Code a été investi d'une sorte de sainteté légale qui l'a mis à l'abri des changements soudains et radicaux. En 1804, Georges III était sur le trône; l'opinion anglaise se prononçait à mort contre tout changement légal ou politique et, cependant, on trouverait difficilement aujourd'hui une partie du *Statute book* anglais qui, entre 1804 et l'époque actuelle, n'ait été changée quant à la forme ou quant au fond, et les changements votés par le Parlement ont été égalés ou dépassés par les innovations dues au droit jurisprudentiel des tribunaux (judge made law) (1) ». En ce qui concerne la loi ordinaire, nous jouissons en France de ce que Dicey appelle un « calme législatif (2) ». Il n'en est plus de même quand il s'agit des lois constitutionnelles.

Il reste que la distinction hiérarchique établissant la supériorité des unes sur les autres est demeurée à l'état de spéculation abstraite. Reposant sur une base théorique, cette distinction ne pouvait qu'être artificielle et vaine. Pour la rendre effective, il eût fallu édicter des Lois fondamentales armées d'une sanction pratique. Or,

---

(1) Dicey, *Le droit et l'opinion publique en Angleterre au* XIXe *siècle*. p. 6, éd. 1906, Boucard-Jèze.

(2) Dicey, *ibid.*

on se contenta d'élaborer des procédures de révision
d'une application impossible; d'affirmer dogmatique-
ment la suprématie légale de la loi de constitution; d'en
appeler aux vertus publiques des citoyens. Par ailleurs,
on s'imagina que la dissemblance des deux lois et, par
voie de conséquence, la subordination de l'une à l'autre, résulterait de la distinction du constituant et du
législatif. Outre qu'on n'établissait ainsi qu'une simple
distinction formelle, on tournait dans un cercle vicieux,
car la loi fondamentale émanée du pouvoir constituant
se trouvait être en même temps génératrice de ce pouvoir.

Nous tenons, en effet, pour une pétition de principe le
fait d'expliquer la suprématie de la loi constitutionnelle
par la supériorité même du pouvoir constituant. Et nous
croyons que la distinction des deux pouvoirs est un critérium insuffisant de distinction des deux lois. Tout
au plus si une semblable division des pouvoirs entraîne
leur distinction formelle. C'est ce qu'il importe maintenant d'examiner.

Nous connaissons le but de la séparation des pouvoirs.
Il consiste à empêcher toute intervention législative
dans le domaine constitutionnel. Seulement, la prohibi-
tion n'est efficace que si on a pris soin de déterminer
les caractères distinctifs d'une loi constitutionnelle. Il
faut qu'on ait précisé le contenu de cette loi. Cela suppose connu au préalable son étendue, en un mot sa nature. Or, cette détermination des règles qui lui compètent est antérieure à l'organisation même du pouvoir
constituant. Par conséquent, la division des deux pou-

voirs n'implique nullement la distinction des deux lois;
au contraire, elle la suppose préexistante.

A ce propos, certains auteurs de l'École italienne ont
prétendu que la détermination préalable « des caractères objectifs qui distinguent une loi constitutionnelle
d'une loi ordinaire » présente une impossibilité manifeste, une « difficulté juridique insurmontable (1) ».
C'est même sur l'assimilation complète des deux lois
qu'Orlando, en particulier, fonde le rejet de toute distinction du pouvoir en pouvoir constituant et en pouvoir législatif. La nécessité de cette distinction est pour
lui une idée absurde. Elle est d'ailleurs incompréhensi-
ble tant qu'on n'a pas fixé la constitutionnalité d'une loi,
c'est-à-dire précisé les caractères essentiels qui la distinguent d'une loi ordinaire. Entreprise difficile, sinon impossible, car, pour saisir le critérium qui permet l'établissement de la distinction, il faut connaître, en un
mot, le contenu de la loi fondamentale.

« Peut-on dire que le Droit public tout entier est constitutionnel? Mais, comme on légifère sur le Droit public
d'une façon continue et ordinaire, la fonction constituante passerait à l'état de fonction ordinaire; elle n'aurait plus sa raison d'être puisque cette fonction s'oppose au pouvoir législatif ordinaire. Dira-t-on, au contraire, que la loi constitutionnelle est la loi qui crée les
pouvoirs souverains, celle qui contient les règles essentielles et caractéristiques de la forme du gouvernement

---

(1) ORLANDO, *Principes de Droit public*, p. 194, éd. 1902.

existant, celle par lesquelles une monarchie se distingue d'une république et un régime libre d'un régime despotique? Mais, dans ce cas, un pouvoir qui serait, par hypothèse, capable de changer la forme de l'Etat, se trouverait lui-même en dehors de l'Etat; conception certainement inadmissible, comme il est inadmissible qu'une Constitution reconnaisse l'existence d'un pouvoir capable de la détruire (1) ».

D'après Orlando, par conséquent, il ne peut exister dans l'Etat un organisme spécial aux attributions purement constitutionnelles, car il faudrait commencer par déterminer sa compétence juridique, ce qui, au fond, suppose connu l'ensemble des matières qui compètent à la loi de constitution. Or, ce but ne peut être atteint à raison de l'assimilation qui existe entre la loi constitutionnelle et les autres lois.

Et c'est bien là l'idée générale du constitutionnalisme italien, puisque le Statut fondamental du 4 mars 1848, à raison du silence qu'il observe à l'égard de sa procédure révisionnelle, peut être modifié par voie législative ordinaire. Cette solution a prévalu dans la coutume parlementaire italienne et a été employée à diverses reprises par le Parlement d'Italie. Pourtant, le *Statuto* n'en demeure pas moins le pacte fondamental de l'Italie, conçu sous forme de constitution écrite. Il n'en reste pas moins un texte systématique et rigide. Si donc la division des

---

(1) ORLANDO. *op. cit.*, p. 195, éd. 1902. Dans ce sens cf. PALMA, *Corso di diritto costituzionale*, t. 1, 204-1884, Florence. — LAMPERTICO, *Lo statuto ed il senato*, p. 78 ss., 1886, Roma.

pouvoirs en constituant et en législatif n'avait aucune
influence sur la distinction des lois, nous dirions facile
ment que la théorie italienne ne tient debout qu'au prix
d'une évidente contradiction, car pour qui se pique de
logique il est naturel d'admettre en même temps que
l'absurdité d'une séparation des pouvoirs, l'inexistence
corrélative d'une Constitution écrite.

On remarquera, par ce qui précède que nous sommes loin d'accepter la doctrine du savant constitution-
naliste italien. Nous estimons, au contraire, qu'il ne saurait y avoir assimilation des lois constitutionnelles aux
lois ordinaires et nous essaierons d'en faire la preuve
dans le chapitre suivant. Pour le moment, nous avons
à démontrer que la distinction des deux pouvoirs n'implique qu'une distinction formelle entre les deux lois.
Ce qui, au fond, revient à faire une critique importante
de la conception révolutionnaire française.

Il est impossible, croyons-nous, de fonder une distinction matérielle entre la loi constitutionnelle et les
lois simples sur la base d'une opposition qui peut exister dans la méthode juridique employée pour leur rédaction. C'est ajouter foi à une affirmation simpliste de
croire qu'une loi constitutionnelle est non seulement
distincte de la loi ordinaire, mais lui est supérieure, et
qu'elle se trouve à l'abri des empiètements législatifs,
par cela seul que le pouvoir d'où l'une émane n'est pas
le même d'où l'autre découle. Il faut plus que ce formalisme pour obtenir ce but. Il faut avoir pris garde aux
collusions de ces pouvoirs différés, et combiné un organisme sanctionnateur. Or, c'est le défaut d'un tel méca-

nisme qui a été la pierre d'achoppement du système révolutionnaire.

D'autre part, toute la distinction du constituant et du législatif se ramène, en dernière analyse, à la question spéciale des procédures révisionnelles. Mais, qui dit procédure dit formalisme. C'est donc à une distinction formelle qu'on aboutit lorsqu'on prétend fonder la disgrégation des deux lois sur la seule distinction des pouvoirs qui les établissent. On arrive sans doute à donner un sens respectif à chacune des deux lois; mais un sens extérieur, c'est-à-dire indépendant de leur substance intrinsèque. Par conséquent, ce n'est pas définir la loi constitution- nelle, ni la loi ordinaire, de répondre que l'une est votée par le pouvoir constituant et l'autre par le pouvoir législatif. Ce truisme donne une définition formelle de la distinction et base cette dernière sur la forme extérieure des actes.

Et la preuve qu'il est impossible de différencier les deux lois par la division des pouvoirs qui les créent, sinon de les différencier formellement, c'est que de nombreuses règles qui ressortissaient autrefois au pouvoir constituant sont devenues de la compétence du législa- teur ordinaire. Inversement, il en est de non moins nombreuses qui ont été soustraites à l'activité des Parle- ments. Théoriquement, il est donc difficile d'établir une délimitation entre ces deux domaines.

Mais cela ne veut pas dire qu'il n'y ait une distinction objective entre les deux lois. Nous verrons dans un ins- tant qu'elle existe. Nous avons voulu simplement dé- montrer que la distinction des pouvoirs, si elle n'im-

4

plique pas la distinction objective des deux lois, entraîne tout au moins leur distinction formelle. Et quelles conclusions, dès lors, devons-nous tirer de la conception révolutionnaire de la loi fondamentale?

Et d'abord l'idée de recourir à une Constitution rigide provenait-elle d'un principe faux? Non, puisqu'il s'agissait chez nous de créer une Société nouvelle pour l'organisation de laquelle les règles statutaires paraissaient indispensables. N'est-ce pas, en effet, la marque distinctive du génie français de rechercher la clarté et la méthode dans les manifestations diverses de son activité? Et si nous avons fait une synthèse écrite de la matière constitutionnelle, n'est-ce pas parce que « nous sommes des Latins, de cette race à laquelle la loi écrite a paru plus nécessaire; qui n'y voit pas seulement des synthèses abstraites, mais la mesure et la sauvegarde de ses droits (1) ».

Le principe de la Constitution rigide était, par conséquent, excellent. Si, en France, l'application en a été jusqu'ici peu satisfaisante, nos échecs n'ont pas du moins infirmé la thèse dans les pays où la Constitution écrite a prudemment organisé sa propre garantie. C'est pourquoi, aux Etats-Unis, les Constitutions fédérale et étatiques ont, derrière elles, un long passé d'expérience, car les Américains se sont préoccupés davantage de leur sanction. En Amérique, grâce au système judiciaire de

---

(1) WALDECK-ROUSSEAU, Discours au Sénat, séance du 27 juin 1903, J. O., 28 juin, p. 1153.

l' « inconstitutionnalité » des lois, les pouvoirs du législateur ordinaire commencent où finit la prérogative des Chartes fondamentales. Là, on peut dire des lois ordinaires qu'elles sont différenciées de la Loi suprême parce que leur compétence respective est sanctionnée juridiquement et qu'il y a possibilité d'en évoquer les conflits d'attribution devant un juge.

En France, sans doute, les résultats sont médiocres; mais on doit s'en prendre bien moins à la conception fondamentale de la Constitution écrite, si arbitraire qu'en soit la donnée, qu'à l'absence de sanctions dont on a craint de la doter. A vrai dire, on a bien pensé à soumettre les modifications aux lois constitutionnelles à des formes spéciales de révision. Mais, outre que les conditions difficiles dans lesquelles devaient fonctionner ces procédures révisionnelles rendaient la Loi suprême à peu près immuable, il n'y avait dans cette séparation des pouvoirs que la reconnaissance d'une distinction formelle entre les deux lois et non pas établissement d'un pouvoir spécialement chargé de maintenir leur hiérarchie.

Force est donc de reconnaître l'insuffisance d'une garantie qui n'empêcha pas les violations arbitraires du législateur et qui, au contraire, favorisa l'éclosion des coups d'Etat. Car pour sauvegarder la supériorité d'une loi constitutionnelle sur les autres lois, il ne fallait pas se préoccuper uniquement du point de savoir comment s'opéreraient les modifications de la charte fondamentale, il fallait aussi songer aux moyens de contenir la puissance législative, dans les cas où il aurait été ques-

tion d'autre chose que du conflit des pouvoirs révisionnels. Il fallait prévoir le cas où une loi ordinaire, votée
dans les conditions habituelles de la procédure législative, aurait été prise en contradiction manifeste avec les
dispositions constitutionnelles. Or, à ce point de vue,
aucune solution n'a été adoptée dans le Constitutionnalisme français. Du moins, nos efforts se sont bornés jusqu'ici, à de timides tentatives, car une telle précaution
supposerait la création d'une sanction judiciaire et nous
ne redoutons rien tant que l'immixtion d'un Juge dans
les affaires constitutionnelles ou politiques. Une telle
crainte n'a pas été sans influer sur l'échec de nos conceptions. A cause de cela on a pu soutenir, avec juste raison (1), que nos Textes fondamentaux étaient plutôt des
opinions que des lois, voulant dire par là, qu'ils
n'avaient d'autre sanction « que la bonne foi de ceux
qui les appliquent ». Or, dans un pays qui a donné, en
matière constitutionnelle, la mesure de son extrême in-
constance, il est inutile de montrer ce qu'avait d'illu-
soire une pareille garantie. Ce serait faire l'historique
des bouleversements périodiques dont notre histoire
contemporaine offre le plus éloquent témoignage.

---

(1) DICEY, *Introduction à l'étude du Droit constitutionnel*, p. 118
ss., éd. 1902, BOUCARD-JÈZE.

DEUXIÈME PARTIE

CHAPITRE PREMIER

La distinction objective des Lois constitution-nelles et des Lois ordinaires.

Avant de rechercher s'il est possible d'établir une distinction *objective* entre la loi constitutionnelle et la loi ordinaire, il faut commencer par donner un sens exact au mot Constitution. Une fois la précision opérée, il faut rechercher si la loi fondamentale est une loi au sens matériel, c'est-à-dire ayant une valeur propre, indépendante de tout organe susceptible d'en fournir la traduction positive. L'examen d'une telle question nous permettra de voir s'il y a une distinction matérielle entre les deux lois ou si leur distinction n'est que de pure forme. Et d'abord quelle est, dans la terminologie actuelle, la véritable acception du mot Constitution?

A ce sujet, nous avons fait remarquer au commencement de cette étude que la science constitutionnelle moderne référait l'idée de Constitution à une façon toute spéciale d'envisager l'organisation et le fonctionnement de la souveraineté. Dans la donnée actuelle, l'Etat constitutionnel correspond à un type défini de gouvernement qui n'est, sans doute, pas exclusif de toute forme monarchique, mais qui suppose reconnu le principe de la souveraineté populaire et admise la garantie des droits individuels et des libertés essentielles. Un gouvernement n'est constitutionnel que si la reconnaisance et la garantie des principes susmentionnés sont assurées par la combinaison d'un système mécanique de forces et de contrepoids actionnant dans leurs sphères respectives les grands pouvoirs de l'Etat. Autrement dit, « on n'applique le mot de Constitution qu'aux combinaisons qui écartent ou limitent la puissance d'un monarque et épargnent au pays le danger du pouvoir absolu (1) ».

Dans ce sens un peu restreint, la loi constitutionnelle n'est plus seulement une expression normative destinée à reconnaître le Droit, elle est surtout une règle objective chargée d'en assurer l'application. Dans ce but, elle crée des organes spéciaux; mais il importe de remar

---

(1) De Vareilles-Sommières, *op. cit.*, p. 230.

quer qu'elle est, *ipso facto*, indépendante de ces organes, qu'elle agit en dehors et au-dessus d'eux.

Nous commençons à entrevoir, dès lors, que la loi constitutionnelle se présente sous l'aspect d'une véritable loi matérielle, si tant est qu'une loi matérielle ait pour but primordial « la mise en œuvre de la règle de droit (1) ». Or, est-il bien sûr que la loi fondamentale soit une loi matérielle? C'est à l'étude de cette question que nous arrivons, parce qu'elle nous permettra, par la suite, de mettre en relief les dissemblances objectives qui existent entre la loi constitutionnelle et les lois ordinaires.

Pour mieux poser la question, nous disons qu'il s'agit de savoir si une loi constitutionnelle, rigide ou coutumière, a une existence propre, indépendante et distincte des organes de l'institution publique. En d'autres termes, il faut se demander si, dans une société idéale, où l'organisation politique ne dépendrait d'aucune législation positive, où, par définition, il n'y aurait même pas d'organisation politique, il pourrait exister une règle fondamentale ayant une valeur propre, une nature intrinsèque.

Or, du fait que la Loi suprême *constitue* l'Etat, c'est-à-dire organise la souveraineté, c'est qu'elle est antérieure comme règle de droit aux organes de l'Etat; c'est qu'elle est par essence une norme juridique ayant une valeur en soi et susceptible, par conséquent, de trouver en

------

(1) Duguit, *Droit constitutionnel*. p. 168, éd. 1907.

elle-même sa propre force. « Avant qu'il y eût des lois, écrivait Montesquieu (1), il y avait des rapports de justice possible; dire qu'il n'y a rien de juste ni d'injuste que ce qu'ordonnent ou défendent les lois positives, c'est dire qu'avant qu'on eût tracé des cercles tous les rayons n'étaient pas égaux ». L'idée s'applique également aux lois constitutionnelles dans leur rapport avec les organes constitués.

Mais une objection se présente immédiatement à l'esprit. L'élément caractéristique de toute loi matérielle est, sans contredit, le pouvoir de commandement. Or, cet élément ne manque-t-il pas à la loi constitutionnelle? Comment l'Etat peut-il se donner un ordre à lui-même?

Cette objection ne porte pas. Non seulement elle fait intervenir la notion d'Etat sous sa forme d'organisme *sui generis*, notion aussi complexe que controversée; mais elle tend à confondre les organes de l'Etat avec l'Etat lui-même. Or, la loi constitutionnelle s'adresse beaucoup plus à ces organes qu'à l'Etat personne juridique. « Elle s'applique aux individus qui détiennent le pouvoir et non à l'Etat considéré comme personne (2) ». Et d'ailleurs, n'est-il pas aisé de remarquer que la limitation juridique du pouvoir des organes de l'Etat, par le système des Constitutions rigides, est pratiquée précisément dans les pays où l'existence des droits individuels est considérée comme un axiome de Droit public? Et

---

(1) Montesquieu, *Esprit des Lois.*
(2) Duguit, *Droit constitutionnel*, p. 5o, éd. 1907.

y a-t-il, dès lors, une contradiction dans le fait de supposer l'existence des droits naturels, antérieurs à l'Etat, et d'en assurer la protection par des dicta auxquelles l'Etat lui-même est obligé d'obéir? Du moment que toutes ces limitations procèdent de la doctrine individualiste, on est forcé de reconnaître que l'Etat est assujetti au droit objectif qu'il a, non pas créé, mais reconnu.

Par conséquent, quelle que soit l'opinion admise sur la question de la personnalité juridique de l'Etat dans les pays où les droits naturels impliquent un état de droit, antérieur à toute organisation politique, et où, comme le pensaient les théoriciens de l'Ecole naturaliste, cet état de droit lie autant le Souverain que le sujet, dans ces pays la loi constitutionnelle est une loi matérielle au même titre que les lois ordinaires. Et elle l'est pour deux raisons majeures : C'est d'abord quelle est une règle objective en soi dont le but immédiat est d'assurer le respect des droits inhérents à la nature de l'homme; c'est ensuite qu'elle a une valeur propre, indépendante de l'Etat, puisque en tant que disposition impérative suprême, elle est génitrice des pouvoirs publics. Ces deux caractères essentiels nous montrent la loi constitutionnelle sous un aspect de loi matérielle qui nous permettra, dès à présent, de la différencier de la loi ordinaire dans sa nature et son contenu.

§ 1ᵉʳ. — *Différences de nature entre les Lois constitutionnelles et les lois ordinaires.*

Dans les pays où la théorie moderne des Constitutions rigides a fait admettre définitivement le principe d'une loi constitutionnelle écrite, supérieure au législateur ordinaire, la distinction se présente en fait entre la loi constitutionnelle et la loi ordinaire, comme une distinction formelle. Elle est mise en relief, ainsi que nous l'avons vu plus haut, par la séparation du pouvoir constituant et du pouvoir législatif. Nous avons vu aussi que les auteurs qui n'admettent pas la séparation des deux pouvoirs prétendent que la loi constitutionnelle est assimilée à la loi ordinaire. Or, n'est-ce pas précisément parce que beaucoup d'auteurs, entre autres M. Duguit, ne songent qu'aux formes en lesquelles sont faites l'une et l'autre loi, qu'ils ne voient entre elles qu'une « distinction exclusivement formelle (1)? » Est-ce à dire qu'indépendamment de la forme il n'y ait pas une distinction de nature entre les deux lois? Or, scientifiquement, quels sont les caractères objectifs des deux lois?

On a dit que par leur nature les lois constitutionnelles sont les lois qui « constituent l'Etat, c'est-à-dire qui lui donnent son organisation et ses fonctions (2) ». Cette définition nous paraît insuffisante parce qu'elle ne parle

_____

(1) Duguit, *op. cit.*, p. 1083, éd. 1902.

(2) Wilson, *L'Etat*, t. II, p. 204, éd. 1902, Boucard-Jèze.

pas des garanties essentielles qui assurent le libre développement des facultés individuelles et sociales de
l'homme dérivées de ses droits naturels. Cette définition
est trop objective. De même, la définition qu'en donnait
Aristote est à la fois incomplète et trop compréhensive.
On lit, en effet, dans sa *Politique*, que la Constitution
« est le principe suivant lequel sont organisées les autorités publiques, particulièrement celle qui est souveraine et au-dessus de toutes les autres. La Constitution
réglemente l'organisation de l'autorité étatique, détermine la division des pouvoirs politiques, enseigne où
réside la souveraineté et finalement fixe le but de la
communauté civile (1) ». Cette définition est trop compréhensive parce que, dans les conditions actuelles de
l'Etat moderne, il est exagéré d'assigner à la loi constitutionnelle la recherche immédiate des fins spéciales de
la communauté civile. C'est là, comme nous le verrons,
un domaine réservé à l'action de la loi ordinaire et
voilà pourquoi nous parlions tout à l'heure de la trop
grande compréhension de la donnée aristotélique. D'autre part, la conception est incomplète, en ce sens que
l'idée de protection des droits individuels fait complètement défaut. Seulement, on doit se rappeler que la notion de garantie des droits est relativement récente et
que jamais la pensée grecque ne s'était élevée jusqu'à
cette spéculation abstraite de la science politique moderne.

---

(1) Aristote, *Politique*, L. VI, chap. Ier, n° v.

Il semble, par conséquent, qu'une définition scientifique de la Constitution, entendue comme loi « des pays qui se sont voués à la liberté (1) », doive tenir compte de deux éléments essentiels : d'une part, la reconnaissance des droits et libertés individuelles; d'autre part, une organisation adéquate des pouvoirs publics, en vue de garantir ces droits et libertés. Finalement, on peut définir la Loi constitutionnelle : une règle objective en soi, organisant la souveraineté sur la base d'une séparation des pouvoirs, en vue de reconnaître et de garantir les libertés et les droits publics. Règle objective, disons-nous, car, à la différence de la loi ordinaire, la loi constitutionnelle ne rencontre pas l'Individu, mais l'Etat; elle n'impose pas un ordre aux personnes individuelles, mais aux organes de l'Etat.

De la loi simple, au contraire, on peut dire qu'elle est la règle conformément à laquelle l'homme doit vivre dans un milieu organisé, ou mieux, qu'elle est la forme juridique de ses rapports privés. Or, il résulte de cette définition qu'il existe une communauté sociale, politiquement organisée, avant l'apparition d'un acte législatif quelconque, et que l'organisation politique est antérieure à la règle qui détermine l'exercice des relations privées. Or, nous savons que ce milieu organique est créé par la loi constitutionnelle. Il y a donc, dans le rap-

---

(1) PALMA, *Corso di diritto costituzionale*, t. I, ch. Iᵉʳ, p. 48, éd. 1884, Florence.

port de ces deux lois, une première différenciation en
degrés.

De plus, il est facile de remarquer que, par notre
définition, nous reconnaissons à la loi simple une compétence particulière s'étendant aux seules relations privées. En cela nous nous trouvons d'accord avec Wilson
qui a défini la loi : « l'expression de la volonté de l'Etat
en ce qui touche la conduite civile dés individus soumis
à son autorité (1) ». Il ajoutait par ailleurs que la loi est
« la science de la bonne conduite civile de l'homme ».
Bien avant, Rousseau avait écrit : « les lois ne sont proprement que les conditions de l'association civile (2) ».

Par conséquent, pour peu que l'on oppose la loi constitutionnelle à la loi ordinaire, on est obligé de se rendre compte que leur distinction ne naît pas uniquement
de la forme en laquelle elles sont respectivement faites,
mais qu'elle découle aussi de leur nature. Au fond, si la
Loi constitutionnelle est la règle des *intérêts publics* du
citoyen, dans ses relations *politiques* avec l'Etat, nous
dirons volontiers de la loi ordinaire qu'elle est la règle
des *intérêts privés* de *l'homme* dans ses rapports *civils*
avec ses semblables. Scientifiquement, et en résumé,
l'une est d'ordre politique et se rattache à cette discipline spéciale qu'est le Droit public *largo sensu;* l'autre
est d'ordre économique ou privé et intéresse la science
du Droit privé. Or, à notre avis, il est impossible de

---

(1) Wilson, *op. cit.*, t. II, p. 366, éd. 1902.
(2) Rousseau. *Contrat social*, L. II. ch. VI.

confondre ces deux domaines et, par cela même, les deux lois. Il reste qu'il y aura toujours entre elles la même différence qui distingue le *jus publicum* du *jus privatum*.

§ 2. — *Différences de contenu entre les Lois constitutionnelles et les lois ordinaires.*

En opposant quant à leur nature les lois constitutionnelles aux lois ordinaires, n'avons-nous pas fait naître une seconde question, très délicate à résoudre, puisque de son examen dépend la solution du problème de la « constitutionnalité » d'une loi? N'y a-t-il pas lieu, en effet, de se demander avec Orlando quel est le contenu d'une loi constitutionnelle, afin de pouvoir dire si le Droit public tout entier est constitutionnel ou s'il n'existe dans ce Droit public que quelques principes fondamentaux susceptibles d'être constitutionnels? La question nous paraît mieux posée par le professeur Palma qui la résume en ces termes : « Où commencent et où finissent les lois constitutionnelles (1)? »

A vrai dire, le sujet est très controversé et dans la doctrine les divergences sont nombreuses. Certains auteurs prétendent, d'une part, que la concision est la

---

(1) Palma, *loc. cit.*, vol. 1er, p. 208, éd. 1884, Fieurenze.

qualité dominante d'une bonne Constitution et voudraient qu'elle se réduisît à quelques principes essentiels (1). « La meilleure, disait Prévost-Paradol, est celle
qui tiendrait tout entière sur une pièce de monnaie. »
D'autre part, il en est qui préfèrent les Constitutions
prolixes. Peu confiants dans le législateur ordinaire,
ils cherchent à arracher à la sphère d'activité du Parlement le plus de matières possible (2). Par ailleurs, quelques auteurs se désolent de voir la science allemande
tendre vers l'assimilation des deux lois et regrettent
même qu'en France la Constitution de 1875 ait été réduite à un minimum de dispositions fondamentales (3).
Enfin, nous savons qu'il y a des théoriciens qui, esti-
mant la difficulté insoluble, se retranchent derrière l'assimilation complète des deux lois (4).

Aussi, la pratique constitutionnelle des nations modernes offre de nombreuses modalités du Pacte fondamental. Il y a des Constitutions où la liste des matières réservées est interminable. En Amérique, par exemple,
les Constitutions particulières des Etats entrent dans le

---

(1) Jules Ferry, *Exposé des motifs du gouvernement touchant la
révision de la Constitution*, 1884.

(2) Cf. Wilson, *loc. cit.*, t. II, p. 204.

(3) Borgeaud, *Etablissement et revision des Constitutions*. p. 51,
éd. 1893.

(4) Ce sont surtout les auteurs italiens. V. Orlando, *l. c.*, p. 194
ss. — Palma, *l. c.*, p. 204, t. I. — Balbo, *della monarchia rap-
présentativa et della politica nella presente civiltà*. p. 208 et Broglio dans ses *Etudes constitutionnelles*, qui définit le Parlement une
« Constituante perpétuelle », p. 41.

détail des questions purement privées. La France révolutionnaire avait adopté cette pratique dans ses premières Constitutions. D'autres, au contraire, formulent dans un contexte très bref quelques dispositions indispensables. C'est le cas de nos lois organiques actuelles. Enfin, il y a des pays où le Statut suprême n'est pas codifié, ou, s'il l'est, demeure sous l'emprise de la législation ordinaire et, par conséquent, ne se distingue pas de la loi commune. Et, à ce trait, on aura reconnu le système des Écoles anglaise, allemande et italienne.

Il règne donc une grande incertitude sur la question de savoir quel doit être le contenu d'une loi constitutionnelle. Nous savons qu'il est très difficile d'énumérer scientifiquement et d'énumérer limitativement les éléments d'une bonne Constitution. Cependant, si l'on part de ce principe qu'une Constitution est un instrument indispensable de protection des libertés naturelles, en même temps qu'une description positive de l'organisme gouvernemental, il ne faut pas croire irréalisable, à peine d'être illogique, l'établissement d'un Statut suprême qui donnerait la force constitutionnelle à certaines questions très importantes du Droit public.

Nous concédons au professeur Orlando qu'il est difficile d'atteindre à la perfection technique des chartes constitutionnelles, et nous croyons qu'il est chimérique de penser qu'elles puissent jamais tout embrasser. Mais, de là à affirmer qu'il est impossible de reconnaître comme constitutionnelles quelques règles capitales du Droit public, — ne seraient-ce que celles qui précisent la structure des organismes de l'institution publique, —

sous prétexte qu'il peut surgir dans l'avenir de nouvelles règles d'organisation ou une forme imprévue de gouvernement, c'est comme si l'on regrettait tout le travail de codification du Droit civil et la disparition des règlementations coutumières, attendu que même le plus parfait des codes modernes ne peut répondre des modifications futures, ni prévoir les nécessités d'appropriations continuelles qu'exigeront les circonstances de l'avenir.

Par conséquent, s'il faut convenir, dans une certaine mesure, qu'il est difficile à toute Constitution « d'embrasser toutes les parties essentielles et vitales du Droit public d'un Etat (1) », à notre avis nous ne jugeons la difficulté insurmontable que si on a la prétention de donner *a priori* une énumération limitative des matières purement constitutionnelles. Or, la question n'est pas de savoir la liste exacte et définitive de toutes les dispositions constitutionnelles, mais plutôt de savoir s'il existe quelques matières constitutionnelles par essence, fussent-elles même simplement coutumières. N'est-ce pas, d'ailleurs, une idée absurde de penser qu'un Statut puisse être définitivement arrêté et qu'il puisse ainsi lier l'avenir? Les Constituants, même les plus intransigeants, n'ont-ils pas admis la possibilité de modifier le texte primitif par des procédures spéciales de révision?

Est-ce à dire, dès lors, qu'il n'y ait des dispositions constitutionnelles par nature, indépendamment, d'ailleurs, de la forme extérieure sous laquelle elles se pré-

---

(1) ORLANDO, *op. cit.*, p. 197, éd. 1902.

5

sentent ou de l'organe qui les élabore, ce qui, à tout prendre, nous ramènerait au sens formel du mot Loi constitutionnelle, et, partant, à la distinction formelle que nous jugeons insuffisante? Nous croyons, pour notre part, la question affirmativement soutenable et nous prétendons qu'il y a un minimum de dispositions constitutionnelles dans le sens technique du mot. Sont constitutionnelles toutes les règles objectives qui ont pour but d'organiser la souveraineté, soit qu'elles déterminent la forme politique du gouvernement, soit qu'elles règlent les rapports des organes publics de l'État. Dans les États modernes, il est d'autres règles qui limitent la souveraineté par la reconnaissance préalable d'un certain nombre de droits individuels, inaliénables et imprescriptibles, règles constitutionnelles par excellence, parce qu'elles consacrent le droit de l'Individu contre l'omnipotence du Souverain. Enfin, il existe des dispositions accessoires qui encombrent parfois le Statut et qui, par nature, ne sont sans doute pas constitutionnelles, mais qui figurent dans le texte par pure méfiance du législateur ordinaire. Elles ne prouvent qu'une chose, c'est qu'il y a des questions secondaires qui prennent une importance capitale par le jeu de l'action politique et qui, pour recevoir une stabilité plus grande, doivent être incorporées au Statut fondamental. Ce sont, si on le veut bien, des questions constitutionnelles par contingence.

En somme, à l'interrogation : où commencent et où finissent les lois constitutionnelles, on peut répondre : cela dépend de circonstances variables dont les facteurs principaux sont l'espace et le temps. Il est impossible, en cette matière, de ne pas faire une large place à un sage opportunisme politique. Qui oserait nier, par exemple, que la question de couleur ne soit aux Etats-Unis une matière constitutionnelle. Et pourtant, dans les limites de l'amendement XV à la Constitution fédérale, qui réglemente le droit de suffrage en faveur des nègres, toute l'organisation électorale est à la discrétion du pouvoir législatif des Etats de l'Union. De même, en France, au lendemain de la Commune, ce fut un article constitutionnel contingent celui qui fixait à Versailles le siège des pouvoirs publics. Il a perdu sa raison d'être, aujourd'hui, mais il ne faut pas oublier qu'il eut une réelle importance au moment où il était indispensable de soustraire aux influences de la rue l'exercice du pouvoir législatif (1).

Au fond, de ce que le domaine de la loi constitutionnelle n'est pas facilement limitable, il serait exagéré de conclure qu'il n'y a aucune distinction entre elle et la loi ordinaire. Le contenu de la loi suprême peut varier mais il n'en reste pas moins qu'il y a un résidu qui échappe à l'emprise du pouvoir ordinaire. Même, dans les pays où la loi constitutionnelle ne se distingue pas extérieurement de la loi simple, il y a, pour ainsi dire, entre elles, une distinction qui s'ignore. En Angleterre, par exemple, elle résulte d'un ensemble de coutumes traditionnelles fidèlement observées. Dans ce pays, les innovateurs qui voudraient modifier quelques articles

---

(1) V. L. C. 25 février 1875, art. 9, abrogé Loi 21 juin 1879.

essentiels de la Constitution anglaise auraient à lutter contre les tendances conservatrices du peuple britannique. Jamais, malgré sa toute-puissance, le Parlement d'Outre-Manche n'oserait devancer l'opinion publique dans la voie des réformes radicales.

Somme toute, il faut admettre qu'il y a une distinction matérielle entre les lois ordinaires et les lois de constitution. Il est impossible que la charte fondamentale, de laquelle dépendent toutes les autorités de l'Etat, soit assimilée aux lois de conséquence. Nous avons vu la différence de nature qui existait entre elles. Sans doute, la différence de contenu est nécessairement très vague, mais elle n'en existe pas moins objectivement puisqu'il sera toujours possible, à un moment donné de l'histoire constitutionnelle d'un pays, d'établir un ensemble systématique de règles constitutionnelles indispensables à la vie politique de l'Etat. Il y a un critérium bien suffisant et nous le trouvons dans la distinction unanimement reconnue du Droit public et du Droit privé.

En dernière analyse, on ne peut concevoir l'existence d'un Droit constitutionnel autonome que si les questions qui s'y rattachent ont un caractère intrinsèque et une valeur propre. Si l'on admet la distinction de la loi constitutionnelle et de la loi ordinaire, nous pensons que le Droit constitutionnel a, par cela même, un fondement rationnel. Au contraire, il nous paraît illogique de croire à l'existence d'une science spéciale, si les notions fondamentales qui en forment la source ne sont qu'une partie plus imposante de la législation ordinaire. Et, par conséquent, nous tenons pour une contradiction flagrante

le fait d'admettre l'assimilation des deux lois et de croire
à l'existence d'un Droit constitutionnel distinct **des au**-
tres disciplines juridiques.

CHAPITRE II

Les distinctions formelles des Lois constitutionnelles et des lois ordinaires.

Dans les chapitres précédents, nous nous sommes appliqué à dégager les distinctions objectives qui existent entre les lois constitutionnelles et les lois ordinaires, en étudiant spécialement leurs différences de nature et de contenu. Avec le présent chapitre, nous abordons l'étude des distinctions formelles qui s'élèvent entre les deux lois. Nous nous rendrons compte que le point de vue formel n'est pas sans importance.

Ces distinctions formelles se rencontrent dans tous les pays où la théorie des Constitutions rigides a non seulement fait admettre le principe d'une loi constitutionnelle distincte des lois ordinaires et supérieure à ces dernières, mais, où la supériorité de la loi fondamentale est assurée par la création d'un organe distinct de l'organe législatif proprement dit. Nous savons, en effet,

que la Loi suprême est l'œuvre d'un pouvoir spécial dit
constituant, et on peut, dès lors, définir formellement
ce pouvoir : le pouvoir chargé d'élaborer, de modifier
ou d'abroger la Constitution. Par suite, toutes les lois
qui émanent de cette autorité spéciale, quelle que soit
d'ailleurs sa forme, — Assemblée nationale, Congrès,
Convention, plébiscite constituant, — et quelles que
soient aussi les procédures employées, sont des lois constitutionnelles, au sens formel du mot, c'est-à-dire abstraction faite de leur nature intrinsèque. Elles forment
une catégorie à part, supérieure et distincte de celle qui
renferme toutes les autres dispositions législatives.

Par conséquent, l'étude des distinctions formelles se
ramène à l'étude des formes spéciales en lesquelles sont
faites les lois constitutionnelles et des procédures révisionnelles destinées à les modifier ou à les abroger. Cette
étude est indépendante de la question de savoir si la séparation des pouvoirs en pouvoir constituant et en pouvoir législatif est rationnelle et fondée en droit. Dans la
plupart des pays à régime représentatif, le système a
prévalu et il importe peu de savoir s'il est conforme à la
raison ou non; il suffit de se rendre compte qu'il existe,
dans un État donné, pour lui reconnaître une valeur juridique indépendante de toute préoccupation subjective.

Nous n'avons pas l'intention d'examiner les différentes
solutions imaginées par les constitutionnalistes modernes pour la révision des Constitutions, Chartes ou Sta-
tuts. Nous préférons limiter le problème à l'étude des
distinctions formelles résultant des procédures légales
admises en France, car c'est un fait que la distinction

formelle de la loi fondamentale se présente avec les mêmes caractéristiques que chez nous, partout où les conditions d'élaboration ou de révision de cette loi fonctionnent autrement que pour le vote d'une loi ordinaire.

D'autre part, nous n'examinerons que très sommairement les précédents révisionnels d'avant 1875, cette étude n'ayant pour nous qu'un intérêt purement rétrospectif, car dans les onze Constitutions qui se sont succédé chez nous, si le principe de la révision fut admis, du moins les modifications en furent rendues complètement irréalisables. Aussi, nos textes révolutionnaires n'offrent aucun exemple d'amendements opérés par la voie légalement fixée. Tous ont été emportés d'un seul coup par les tourmentes insurrectionnelles, parce qu'ils contenaient la juxtaposition de deux principes antinomiques : d'une part, la reconnaissance du droit de révision; d'autre part, l'établissement de procédures dilatoires complexes, équivalant, en fait, à une interdiction. Qu'on en juge par les exemples qui suivent

La Constitution monarchique de 1791 posait, en principe, que la nation « a le droit imprescriptible de changer sa Constitution ». Mais, dans le titre VII, elle fixait des règles révisionnelles difficilement applicables. Elle commençait par enlever, aux membres des deux premières législatures à élire, à l'expiration du mandat de l'Assemblée nationale, le droit de proposer la révision (art. 3 C. 3 septembre 1791). Le même titre accordait ce droit aux trois législatures suivantes, au sein desquelles devait être votée une motion uniforme en faveur de la réforme. La quatrième législature devenait constituante par l'adjonction de 249 membres supplémentaires élus en vue seulement de réviser les articles indiqués. Pour son application, cette procédure exigeait en fait un minimum de dix ans. Et encore il faut remarquer qu'au bout de ce terme les modifications constitutionnelles n'étaient que proposées. Aussi la Constitution fut-elle balayée le 21 septembre 1792.

Ce même jour, le premier soin de la Convention fut de déclarer « qu'il ne peut y avoir de Constitution que celle qui est acceptée par le peuple ». Et comme procédure révisionnelle, la Convention adopta le système des « Conventions nationales », réunies, sur la demande formulée par le dixième des assemblées primaires, dans la moitié plus un des départements. Ces conditions étant manifestement impossibles à réaliser, la Constitution démocratique de 1793 ne fut jamais appliquée.

Quant à la Constitution de l'an III, elle avait prévu une procédure tout aussi longue et aussi compliquée que les précédentes. Le titre XIII disposait que le Conseil des Anciens proposerait la révision (art. 336. C. 5 fructidor an III), et que le Conseil des Cinq-Cents la ratifierait. Puis, trois fois de suite et de trois en trois ans, la même proposition devait être renouvelée. Après cette gestation pénible de neuf ans, la résolution des Conseils devait être présentée à une Assemblée de révision, composée de deux députés par département. En fin de compte, le projet élaboré par cette Assemblée restait soumis au vote approbatif des Assemblées primaires.

Nous ne citerons que pour mémoire la Constitution de l'an VIII qui ne reconnaissait guère le principe de la

souveraineté nationale en matière constitutionnelle, ni
ne prévoyait sa propre révision, aussi bien Napoléon
était à lui seul une « Convention permanente (1) ». Et
nous passons rapidement sur les chartes, parce qu'oc-
troyées elles n'avaient pas à prévoir les conditions légales de leurs amendements futurs. Ce qu'un roi avait fait,
un roi pouvait bien le défaire. Mais les événements prou-
vèrent que cette conception, logique en droit, bien que
dangereuse, en fait, n'était soutenable qu'au prix d'une
Couronne.

Il faut arriver à la Constitution de 1848 pour retrou-
ver la distinction du constituant et du législatif, c'est-à-
dire la différenciation formelle des lois constitutionnelles
et des lois ordinaires. Il va sans dire que cette Constitution avait, en principe, prévu sa révision. Malheureusement, en fait, les Constituants de 1848 donnèrent
dans les fautes commises par les précédentes législatures. L'article 111 de la Constitution exigeait, en effet,
pour sa révision, des formalités insurmontables. Cet article démarquait simplement les combinaisons déjà con-
nues et adoptées notamment par la Constitution de
l'an III. Il les complétait par l'obstacle infrangible de
trois délibérations renouvelées à un mois d'intervalle et
prises chacune à la majorité des trois quarts, chose impossible à réaliser dans aucune Assemblée. Il est vrai
que le coup de force du 2 décembre 1851 trancha la
question avec moins de circonspection.

---

(1) Borgeaud, *op. cit.*, p. 262.

Nous n'insisterons pas non plus sur les principes révisionnels du Second Empire. Les articles 27 et 31 de la
Constitution du 14 janvier 1852 accordaient au Sénat la
faculté de proposer la révision. Il devait être statué sur la
proposition par un sénatus-consulte si cette proposition
était adoptée par le pouvoir exécutif. De sorte que la
loi constitutionnelle offrait une garantie de stabilité précaire et bien moins sérieuse que celle qui entourait la
loi ordinaire, attendu que si pour le vote d'une loi de
détail il fallait l'accord de trois pouvoirs : Sénat, Corps
législatif et Empereur, il suffisait pour réformer la Constitution de l'action du Sénat jointe à l'agrément de
l'Exécutif. C'est dire qu'en fait le pouvoir constituant
n'appartenait qu'à l'Empereur.

En résumé, toutes nos Constitutions antérieures, à
l'exception des Constitutions impériales et des chartes
royales, ont reconnu le principe de la souveraineté du
peuple et admis l'existence d'une loi fondamentale supérieure à la loi ordinaire. Pour assurer le respect de
cette loi, même dans le cas où la nécessité commandait
de la modifier, elles ont assujetti l'exercice du droit de
révision à des règles formalistes spéciales. Qu'en pratique ces formalités aient dégénéré en impédimenta, cela
ne prouve rien contre le point de vue normatif. Il reste
qu'en théorie la loi constitutionnelle a été entourée de
formes solennelles et spéciales, non seulement dans le
but de la protéger, mais encore pour affirmer hautement
et solennellement sa suprématie sur les lois ordinaires.

A son tour, le sytème révisionnel de 1875 a nettement
accentué l'autorité formelle de la Constitution par

l'adoption d'une procédure de révision se déroulant au sein d'un organisme séparé et distinct du pouvoir législatif ordinaire. Les Constituants de 1875, qui avaient le choix entre deux systèmes de revision, d'une part, le système d'une « Constituante » spécialement élue, d'autre par, le système d'un Parlement à compétence absolue, tant en matière constitutionnelle qu'en matière ordinaire, adoptèrent une solution intermédiaire de laquelle est résultée une série de distinctions formelles entre les deux lois. Effectivement, en accordant le droit de revision au Congrès, c'est-à-dire à un organisme formé par la réunion des organes législatifs bicaméraux, exerçant ce droit dans les limites de certaines procédures, les Constituants de 1875 ont établi, grâce à cet organe spécial de différenciation, un critérium suffisant de distinction formelle entre la loi constitutionnelle et les autres lois. Par ailleurs, cette distinction s'est encore développée par le jeu des procédures distinctives qui caractérisent l'établissement des deux lois. C'est donc à l'étude de cette procédure révisionnelle que nous arrivons maintenant. Et comme nous rencontrerons une foule de dissemblances entre les deux lois, à mesure que nous développerons les phases diverses de cette procédure, nous distinguerons pour la clarté de notre exposition deux étapes caractéristiques : avant et pendant le Congrès.

§ 1ᵉʳ. — *Les différences formelles entre la Loi constitutionnelle et les lois ordinaires dans la procédure préalable à la réunion du Congrès.*

Avant la réunion du Congrès, la procédure révisionnelle donne naissance à des règles spéciales d'élaboration
de toute proposition de révision. Ces règles spéciales
sanctionnent l'importance du texte constitutionnel qu'il
s'agit d'élaborer ou de réviser, puisqu'elles imposent au
Parlement une méthode de travail qu'il n'est pas tenu de
suivre pour le vote d'un acte ordinaire.

Et d'abord, si dans chaque Chambre une proposition
de révision, techniquement dénommée proposition de
résolution, est soumise aux mêmes règles que la loi ordinaire, en ce qui concerne le droit d'initiative ou le
mode de discussion, il n'en est plus de même quand il
s'agit du vote des deux propositions. Dans l'une et l'autre hypothèse, la majorité requise est toute différente.
En raison de la gravité du problème qui consiste à
savoir si la révision est opportune, le premier alinéa
de l'article 8 de la loi constitutionnelle du 25 février 1875
exige un quorum très élevé. La décision, dit l'article 8,
doit être prise « à la majorité absolue des voix ». Il ne
s'agit pas ici de la moitié plus un des suffrages exprimés, mais d'une majorité calculée sur le nombre légal
des membres de la Chambre ou du Sénat. De plus, contrairement à ce qui se passe pour le vote d'une loi ordinaire, ce quorum élevé est exigé même pour le second

tour de scrutin. En ce cas, la simple majorité relative est insuffisante.

La proposition de résolution adoptée par l'une des deux Chambres est communiquée à l'autre Chambre. Mais cette communication ne saisit pas de plein droit la seconde assemblée. Il faut qu'un membre de celle-ci prenne l'initiative d'une proposition de résolution semblable à celle qui a déjà été votée. Au contraire, dans la procédure législative habituelle, la seconde Chambre est saisie de plein droit par la transmission qui lui est faite du projet de loi adopté par la première assemblée. Cette différence de procédure résulte de l'article 8 précité qui exige des délibérations prises séparément et spontanément.

Lorsque les deux Chambres ont admis le même projet de révision, ce projet est valable par lui-même. Sa force obligatoire est indépendante de la sanction présidentielle, puisque le Président de la République ne le promulgue pas. A la différence des lois ordinaires, M. Moreau pense même que le Chef de l'Etat n'a pas le droit d'exiger une seconde délibération, car, ajoute-t-il, « il ne s'agit pas de lois (1) ».

_____

(1) Moreau, *Précis élémentaire de Droit constitutionnel*, p. 142, éd. 1892.

§ 2. — *Les différences formelles pendant le.Congrès.*

Les Chambres ayant voté une résolution identique, au
jour fixé par le Président, l'Assemblée nationale se
trouve constituée (1). Une controverse de principe s'est
élevée sur la question de savoir si le Congrès jouissait
de la plénitude des pouvoirs. Ce n'est pas le lieu d'examiner cette controverse. Nous la retrouverons d'ailleurs
plus loin. Il nous suffit, pour le moment, de dégager les
dissemblances formelles qui découlent de la procédure
légale employée pour la loi constitutionnelle ou pour la
loi ordinaire. Il faut bien se rendre compte, en effet,
qu'il existerait une différence formelle entre les deux
lois, même au cas où le Parlement serait compétent pour
voter une loi constitutionnelle si, du moins, la procédure différait par quelque côté de la procédure législative
habituelle. Nous savons que les différences formelles se
ramènent à des questions de procédure. Or, dans la
Constitution de 1875, le droit de révision est non seulement soumis à une procédure caractéristique, mais il ne
peut s'exercer qu'au sein d'une Assemblée distincte de
l'organe législatif bicaméral.

Il ne peut y avoir aucun doute, en effet, sur le caractère spécial de l'Assemblée nouvelle. Le Congrès est ab-

---

(1) Le Bureau de l'Assemblée nationale est composé par le Bureau du Sénat. Le Président du Congrès est donc le Président du
Sénat, art. 11, § 2. L. C., 16 juillet 1875.

solument distinct de la Chambre et du Sénat, et dès
l'instant qu'ils sont réunis en Assemblée nationale, députés et sénateurs abandonnent leur qualité pour devenir membres de cette Assemblée nationale. Et la preuve,
c'est que si l'on suppose un cas où il serait urgent de
voter une loi ordinaire, le Congrès n'aurait pas le droit
de la voter. Il faudrait la scission du Congrès en Sénat
et en Chambre des députés, chaque Chambre étant te-
nue de voter la loi urgente dans la forme habituelle.
Il y a, en faveur de cette opinion, non seulement des précédents (1), mais un texte explicite. L'article 1er, alinéa 1,
de la loi du 25 février 1875, s'exprime ainsi : « Le Pouvoir législatif s'exerce par deux assemblées : la Chambre
des députés et le Sénat. » Il n'y est donc pas parlé de
l'Assemblée nationale et il ne saurait être question, dès
lors, de lui accorder le pouvoir législatif. En adoptant
la solution contraire, qui donne au Congrès compétence
sur la loi ordinaire, on aboutit à l'assimilation des deux
lois, tout comme dans le cas inverse, où le Parlement
est absolument souverain de modifier une loi fondamentale.

Voilà pourquoi, à la suite de nombreux auteurs, nous
considérons comme une illégalité le fait d'avoir, pendant
la révision de 1884, conservé le caractère législatif aux
articles de 1 à 7 de la loi du 24 février 1875 (Organisation
du Sénat). Le Congrès aurait dû simplement abroger ces

(1) E. Pierre. *Traité de droit politique et parlementaire*. p. 34.
n° 19.

articles et laisser au pouvoir législatif le soin de les réta-
blir comme texte législatif ordinaire, par la procédure
habituelle (1). Il est donc regrettable que le Congrès
ait empiété indirectement sur les attributions du pouvoir législatif, de façon à laisser supposer qu'il règne
une grande confusion sur les droits respectifs des deux
pouvoirs et, partant, une non moins grande incertitude
sur la valeur juridique de la distinction des deux lois.

Quoi qu'il en soit de ces controverses, reprenons la
procédure révisionnelle au moment où la proposition
de résolution va être examinée par le Congrès. Nous
constaterons, entre la procédure constitutionnelle et la
procédure législative, d'importantes divergences. La
proposition ou projet de révision est envoyée à une Commission chargée de rédiger un rapport. La lecture de
ce rapport est suivie d'une discussion générale, après
quoi l'on passe à la discussion des articles. Cette partie
du travail congressionnel ne diffère pas du travail parlementaire. Mais les divergences commencent au moment du vote. En effet, aux termes de l'article 8, paragraphe 3 de la loi constitutionnelle du 25 février 1875,
« les délibérations portant révision des lois constitutionnelles, en tout ou en partie, devront être prises à la
majorité absolue des membres composant l'Assemblée
nationale ». Cette majorité se calcule, par conséquent,
non pas d'après le nombre des votants, mais d'après l'effectif légal de chaque Chambre, déterminé par des lois

_____

(1) MOREAU, op. cit., p. 150, éd. 1892.

6

électorales. Par exemple, pendant la révision de 1884, l'Assemblée nationale se composait de 857 membres. Ce qui donnait, comme majorité absolue, $857 : 2 = 428 + 1 = 429$ voix. On comptait, dans ce chiffre, non seulement les absents par congé, mais les membres décédés ou démissionnaires laissant leur siège vacant. On calcula, en somme, la majorité absolue d'après la totalité des sièges composant la Chambre des députés et le Sénat. Il est à peine besoin de faire remarquer que le calcul de la majorité nécessaire au vote d'une loi ordinaire est établi d'après le nombre des *suffrages exprimés* (1). La pratique courante des Chambres législatives, en matière ordinaire, est moins exigeante encore, puisque si le quorum n'est pas atteint au premier tour de scrutin, le vote devient valable, au second tour, quel que soit le nombre des votants (2). Au contraire, la majorité absolue est toujours nécessaire pour le vote d'une loi de révision, même au second tour de scrutin. Cette majorité exceptionnelle protège ainsi le texte attaqué de façon que si la Constitution a besoin d'être modifiée, « elle ne puisse l'être qu'avec l'appoint, avec l'adhésion de la majorité absolue de toutes les circonscriptions électorales de la France (3) ».

---

(1) E. PIERRE, *op. cit*, p. 47. n° 41.

BOUSQUET DE FLORIAN, *Revision des constitutions*. Thèse Paris, 1891, p. 122, ss.

(2) E. PIERRE. *op. cit.*. p. 1132, n° 983.

(3) NAQUET, J. *Off Congrès*. 1884, p. 79.

Enfin, autre divergence de procédure entre les deux
lois : tandis que la loi ordinaire, votée définitivement
par les Chambres, peut être soumise à une seconde délibération, si le Président de la République use du droit
que lui confère l'article 7, alinéa 2, de la loi du 16 juillet 1875, la loi constitutionnelle n'est pas assujettie à ce
veto suspensif. L'article 7 n'est pas applicable à l'Assemblée nationale. D'ailleurs, si le Président voulait épuiser
son droit, il rencontrerait une impossibilité matérielle,
car l'Assemblée nationale est dissoute dès que ses délibérations sont terminées. A qui, dès lors, devrait-il
s'adresser pour demander une seconde délibération?

On voit par tout ce qui précède que notre système
révisionnel actuel différencie formellement la loi constitutionnelle de la loi ordinaire. Il est inutile de se demander quels sont les motifs qui ont fait adopter cette
solution. Nous savons que dans la théorie des Constitutions rigides, la Constitution est un Pacte fondamental
non susceptible d'être modifié par la procédure législative habituelle. Car, si la législature pouvait la modifier
sans difficultés, l'établissement d'une Constitution serait
une « tentative absurde (1) ».

Mais quelles conclusions doit-on tirer de l'organisation des procédures révisionnelles? De ce que la loi constitutionnelle est à l'abri des modifications trop brusques

---

(1) Opinion du Chief-Justice MARSHALL, rapportée par BRYCE
République américaine, t. 1, p. 352, éd. 1900.

peut-on inférer que les matières qu'elle se réserve sont à l'abri des violations législatives. La question reste entière de savoir si nos lois constitutionnelles sont pratiquement intangibles ou, du moins, si elles sont armées d'un moyen pratique de défense contre les fantaisies législatives. Or, il faut bien se rendre compte qu'en édictant des mesures révisionnelles différenciées de la procédure législative ordinaire, la loi constitutionnelle s'est protégée elle-même. Mais, est-ce là son unique but? Ne doit-elle pas défendre aussi l'Individu contre l'omnipotence du législateur? Et quel moyen légal a-t-elle prévu pour maintenir le législatif dans les bornes qu'elle a tracées? Oui, la procédure révisionnelle, telle quelle a été organisée par les Constituants de 1875, est une arme efficace de protection des lois constitutionnelles, mais il faut ajouter de protection *contre les modifications précipitées.* Mais, une fois modifiées, si le législateur vote une loi en contradiction avec la règle constitutionnelle, où est la sanction juridique ou même politique de l'inconstitutionnalité? Par quel moyen la loi constitutionnelle fera-t-elle prévaloir sa supériorité? Voilà la véritable question. Nous ne voulons pas l'envisager encore. Nous ne faisons que poser le problème. Pour l'instant, nous nous résumons en affirmant, ce que nous démontrerons au chapitre suivant, que, malgré toutes les divergences formelles résultant de la procédure de révision, la loi constitutionnelle est, en France, virtuellement à la merci de l'omnipotence parlementaire. Et la meilleure définition qu'on en puisse donner est celle-ci : loi ordinaire, sauf sa procédure spéciale de révision. Notre constitu-

tionnalisme tendrait-il vers l'assimilation des deux lois?
C'est ce que nous allons examiner avec le chapitre des
théories assimilatrices.

CHAPITRE III

Les théories assimilatrices.

———

Le système anglais qui suppose l'assimilation des lois constitutionnelles aux lois ordinaires est en voie de devenir, dans plusieurs nations européennes, la conception dominante de nombreux constitutionnalistes étrangers. La tendance est surtout remarquable en Allemagne. Là, les publicistes les plus renommés ont attaqué le principe de la distinction. Leurs théories se sont répandues dans les pays qui ont subi le prestige de la science allemande. Mais c'est surtout en Italie qu'elles paraissent avoir acquis droit de cité. Il ne faut pas s'en étonner outre mesure, car l'influence germanique a profondément influé sur la pensée subalpine. On a pu dire de celle-ci qu'elle était « l'abstraction allemande filtrée à travers la lucide intelligence italienne (1) ». La ten-

———

(1) Brissaud, préface à la traduction du livre déjà cité d'Orlando, p. IX.

dance s'est généralisée et il n'est pas jusqu'aux pays où
l'acte fondamental avait conservé, jusqu'à ces derniers
temps, sa prééminence principielle qui n'aient été tou-
chés par les doctrines nouvelles de l'assimilation. La
France elle-même a abandonné en 1875 son engouement
traditionnel pour la Constitution majestueuse et accuse,
comme nous le démontrerons, une évolution visible vers
l'assimilation à la mode. Mais, auparavant, nous devons
examiner les théories assimilatrices étrangères et, tout
d'abord, la conception allemande.

« S'il est des pays, où les Chartes fondamentales ont
perdu quelque chose de leur importance première, écrivait Borgeaud, ils se trouvent en Europe. La science allemande si puissante dans le vieux monde, a abandonné
de nos jours la doctrine de ses grands jurisconsultes du
commencement et du milieu de ce siècle. Elle assimile
peu à peu la loi constitutionnelle à la loi ordinaire » (1).
En effet, il y a un demi-siècle à peine, Robert von Mohl,
s'élevait avec véhémence contre un jeune écrivain qui,
dans une revue (2), avait osé « mettre en question le rapport juridique entre les Lois constitutionnelles et les lois
ordinaires et révoquer en doute la portée supérieure des
premières (3). » Aujourd'hui, les maîtres de la science
allemande sont loin de manifester une pareille indigna-

---

(1) Borgeaud, op. cit., p. 51, éd. 1803.

(2) Deutsche Vierteljahrschrift, t. III, p. 166 ss.

(3) Von Mohl, Staatsrecht Völkerrecht und Politik, t. I, p. 83,
note 1.

tion. Au contraire, c'est dans leur doctrine qu'on trouve la suppression de toute distinction entre les deux lois. Voici, par exemple, un passage du professeur Laband.

« La Constitution n'est pas, dit-il, une puissance mystique qui plane au-dessus de l'État; mais, comme toute autre loi, c'est un acte de sa volonté soumis par suite aux conséquences des changements de celle-ci. Un texte peut, à la vérité, prescrire que la Constitution ne saurait être modifiée par voie de conséquence; qu'elle ne peut l'être que directement, par des lois qui modifient sa teneur même. Mais, lorsqu'une telle limitation n'est pas établie par une règle positive, elle ne peut être inférée de la nature juridique de la Constitution et d'une différence essentielle entre l'acte constitutionnel et les lois ordinaires. Le principe que les lois particulières doivent toujours être en harmonie avec la Constitution et qu'il ne faut pas qu'elles soient incompatibles avec elle est uniquement un postulat de la pratique législative, ce n'est pas un axiome juridique. Bien qu'il paraisse désirable que le système du droit public et privé établi par les lois ne soit pas en contradiction avec la teneur de l'acte constitutionnel, l'existence d'une telle contradiction est possible en fait et admissible en droit, tout comme l'est une divergence entre le Code pénal, le Code de commerce ou le Code de procédure civile et une loi spéciale postérieure (1). »

_____

(1) LABAND, _Le droit public de l'Empire allemand_, t. I, p. 546, éd. 1883; t. II, p. 314, BOUCARD-JÈZE.

D'après Laband, par conséquent, la loi constitutionnelle ne diffère pas de la loi ordinaire. Il se peut que
l'Etat se soumette pratiquement à une auto-limitation,
en établissant une loi fondamentale, mais cette loi fondamentale n'en demeure pas moins une manifestation
de sa volonté. En droit, il est libre de la modifier comme
il lui plaît. Et par conséquent devant l'Etat souverain
toutes les lois sont égales. Que si on saisit une distinction entre elles, cette distinction est de fait, jamais de
droit. Elle est formelle, mais non pas « essentielle ». On
juge par là, quelle diminution de prestige a subi l'acte
constitutionnel, aux yeux des jurisconsultes impériaux.

La pratique constitutionnelle allemande offrait, d'ailleurs depuis déjà longtemps, l'exemple de modifications
à la Constitution par la voie législative. Les précédents
remontaient très haut puisque la Constitution prussienne du 31 janvier 1850 était très explicite à l'endroit
de sa révision (1). A plusieurs reprises, elle avait été modifiée par la législature ordinaire, car en Prusse, la distinction du Constituant et du Législatif, n'avait pas été
admise. En Prusse, comme en Angleterre, on ne sentait
pas la nécessité de différencier les deux lois. Dans ces
deux pays le système était analogue à cela près, qu'en

---

(1) Art. 107 : « La Constitution peut être modifiée par la voie
législative ordinaire, à cet égard il suffit dans chaque Chambre de
la majorité absolue, obtenue dans deux scrutins successifs à 21
jours au moins d'intervalle ». On dira sans doute que la Prusse
n'est pas un Etat souverain, mais on ne doit pas oublier qu'elle
le fut pendant 16 ans (1850-1866).

Prusse, la Constitution était codifiée et prévoyait sa révision. L'analogie est demeurée. Elle s'est étendue depuis 1871 à la Constitution impériale et aujourd'hui on peut dire qu'en Allemagne l'assimilation entre la loi constitutionelle et la loi ordinaire est à peu près complète (1).

C'est également l'opinion admise en Italie qu'il y a similitude entre les deux espèces de lois. Sous l'influence des théories allemandes toute une doctrine s'est élaborée en ce sens. Nous avons déjà vu par quels arguments Orlando soutient que les lois fondamentales « n'ont pas de caractère qui les distingue des autres et qui permette d'en faire une classe à part. » (2) Il justifie son opinion, contre la distinction, par ce motif qu'il est impossible de coordonner systématiquement les parties les plus importantes du Droit public : d'abord, parce que la coutume joue un rôle capital et qu'elle annihile les efforts des codificateurs; ensuite, parce qu'il est difficile de prévoir si les événements ne créeront pas dans l'avenir des questions constitutionnelles imprévues. Au fond, si nous avons bien compris toute l'argumentation de l'éminent auteur, nous croyons que ses objections se résument toutes dans cette idée principale, qu'il est difficile sinon

_____

(1) Art. 78. Const. 16 avril 1871 : « Les modifications à la Constitution ont lieu sous forme de loi. Elles sont considérées comme rejetées quand, dans le sein du Conseil fédéral. 14 voix se prononcent contre elles ».

(2) ORLANDO, op. cit., p. 194, éd. 1902.

impossible de déterminer le « contenu » d'une Constitution. Il n'existe donc pas, entre la loi constitutionnelle et la loi ordinaire, de différence matérielle, pas plus qu'il n'existe de différence formelle, puisque ces deux lois sont similaires et qu'étant similaires, il est absurde de supposer dans l'Etat l'existence d'un organe constituant à fonction constitutionnelle spéciale. Voilà pourquoi Orlando admet que le Statuto peut être révisé par le Parlement dans la procédure législative habituelle.

C'est surtout parce que la Souveraineté est une, qu'il ne saurait y avoir ni distinction des deux pouvoirs, ni dissimilitude des deux lois, argumente à son tour Luigi Palma. « En effet, écrit-il, pourquoi admettre un pouvoir constituant distinct du législatif? Si la souveraineté est le droit, comme disait Balbo, de régir l'Etat selon les lois, et de changer les lois selon la nécessité, il n'y a aucune raison de distinguer une souveraineté ordinaire et une extraordinaire. Si la loi n'est qu'une règle, la Constitution pourra être appelée la Loi fondamentale, la première des lois, mais elle n'en est pas moins une loi, elle ne sort pas de la sphère d'attributions des organes représentatifs de la nation (1). » Plus loin Palma semble résumer son argumentation dans ce passage qui nous ramène sensiblement à l'objection précitée d'Orlando. Il écrit, en effet : « Dans son principe, le pouvoir qui constitue les autres pouvoirs publics est toujours identique à celui qui détermine juridiquement les autres rapports.

---

(1) PALMA, *op. cit.*, t. I, p. 207, éd. 1884.

D'ailleurs, où commencent et où finissent les lois constitutionnelles? Ne sont-elles pas constitutionnelles, les
lois sur l'électorat, sur la presse, sur les libertés civiles
et religieuses, sur l'instruction (1)? »

Conformément à ces principes, le Droit positif italien
ne fait aucune différence entre le *Statuto* et les lois particulières. Il peut être modifié comme une loi ordinaire, et en fait, la question a été tranchée à plusieurs
reprises par la coutume parlementaire italienne dans le
sens indiqué par les constitutionnalistes précités. Bien
que l'acte constitutionnel soit systématiquement codifié,
on peut dire qu'en Italie, l'assimilation entre les deux
lois est aussi complète qu'en Angleterre (2).

Après avoir examiné les théories et montré la pratique constitutionnelle des pays où la Loi fondamentale
est assimilée aux autres lois, il nous reste à nous demander s'il n'existe pas une tendance à l'assimilation
dans les états où, jusqu'ici, le Pacte fondamental avait
gardé son caractère primitif de texte écrit supérieur
aux lois ordinaires et il faut ajouter de texte difficilement révisable.

Aux Etats-Unis, cette tendance a été observée par
Wilson, « Une des caractéristiques les plus importan-

---

(1) PALMA, *op. cit.*, t. I., p. 208, éd. 1884.

(2) Le Statuto gardant le silence au sujet du droit de revision,
le Parlement italien s'est arrogé le droit de le modifier selon son
bon plaisir. L'exemple le plus caractéristique est la méconnaissance
de toute religion officielle, malgré l'article premier du Statut. V.
ORLANDO, *op. cit.*, p. 202.

tes de la législation des Etats, écrit-il, est la menace de
disparition de toute distinction réelle entre la législation constitutionnelle et la législation ordinaire (1). »
Seulement, il faut remarquer que cette tendance n'est
spéciale qu'aux Constitutions des Etats. Elle est due à
une cause particulière qui paraît tenir à ce fait que les
Constitutions de la plupart de ces Etats ont une lon-
gueur inusitée. Elles comprennent trop de dispositions
d'ordre purement législatif se rapportant à des questions d'intérêt privé. Elles imposent, par conséquent,
l'obligation de réviser fréquemment ces dispositions de
détail, de sorte que l'acte fondamental perd à tout moment son importance et sa portée primitive. Effectivement, ces Constitutions, « comprennent couramment
le règlement des questions de propriété des Etats telles
que canaux et routes et des détails qui concernent la
dette des Etats. Elles déterminent le quantum et les
sortes de propriétés qui ne peuvent être saisies pour
dettes privées; elles formulent des prescriptions somp-
tuaires, interdisant par exemple la vente des liqueurs
alcooliques; sur une foule de points, elles touchent sans
hésitation aux questions qui sont d'ordinaire réservées
à la décision des assemblées législatives, ou restrei-
gnent le champ dans lequel ces assemblées peuvent habituellement se mouvoir (2). » Or, cette habitude d'in-

---

(1) WILSON, *op. cit.*, t. II, p. 203, éd. 1902.
(2) WILSON, *op. cit.*, t. II, p. 204.

sérer dans les textes fondamentaux, des questions non
constitutionnelles, rend plus obscure la distinction
pourtant exacte des lois constitutionnelles et des lois
ordinaires. Il y a, si l'on veut, une assimilation inverse
de celle que nous avons constatée dans les pays véritablement assimilateurs; mais, pratiquement, elle aboutit au même résultat. Si l'on nous permet cette comparaison, il arrive qu'en Allemagne ou en Italie toutes les
questions constitutionnelles sont de simples questions
législatives, aux Etats-Unis trop de dispositions législatives sont devenues constitutionnelles. La distinction
menace donc de disparaître dans le second cas, comme
elle a disparu dans le premier. C'est précisément cette
tendance qu'observait Wilson et c'est dans ce sens qu'il
la présente.

Mais les tendances assimilatrices ne se rencontrent
pas seulement à l'étranger, on les retrouve également en
France. Chez nous, la désagrégation du rationalisme révolutionnaire a provoqué une évolution caractéristique
à l'endroit de la loi constitutionnelle. Nos contemporains, et surtout les législateurs de 1875, ont abandonné la formule ostentatoire des anciennes Constitutions majestueuses. En raison de circonstances spéciales
notre loi constitutionnelle a subi un amoindrissement
de prestige indéniable. Elle s'est rapprochée du système
empirique anglais, à mesure quelle s'est éloignée de
l'idéologie philosophique ou des abstractions métapolitiques. En un mot, elle a évolué vers l'assimilation.
C'est à l'examen de cette assertion que nous devons con-
sacrer toute notre attention. Nous le ferons dans une

série d'observations dont le fondement de quelques-
unes est justifié par l'expérience même des événements
politiques de ces derniers temps.

Il n'y a, en somme, qu'à considérer l'œuvre constitutionnelle de 1875 pour mesurer toute l'étendue d'évolution qui la sépare des conceptions primitives admises
par les publicistes révolutionnaires. Notre Constitution
actuelle s'est ressentie de la dislocation des anciens systèmes, de l'affaiblissement des vieux dogmes. On avait
derrière soi l'expérience vaine et tant de fois renouvelée,
d'en donner une ayant quelque durée. « Que d'efforts!
que d'essais! La monarchie représentative de la Constituante avec le roi veto : ce n'était pas cela. Les diverses
républiques conventionnelle, communale, jacobine,
parlementaire, directoriale : ce n'était pas cela. La dictature à temps du Consulat, la dictature héréditaire de
l'Empire, la dictature parlementaire des Cent-Jours : ce
n'était pas cela. La légitimité constitutionnelle, la
royauté bourgeoise, la république présidentielle, la république impériale, l'empire absolutiste, l'empire libé-
ral : ce n'était pas cela, ce n'était pas cela. On avait
imité les législations anciennes, les législations modernes, le système anglais, le système américain. Tout le
long du chemin on avait semé des embryons boiteux,
des avatars baroques, des conformations mal venues et
combien de Constitutions mort-nées! Il manquait toujours quelque chose (1). »

(1) G. Hanotaux. *Histoire contemporaine*, 1871-1900. t. III,
p. 357.

Actuellement, il semble qu'il ne manque plus rien. Nous avons par hasard trouvé la solution. La préparation laborieuse qui la donna ne fit aucun emprunt aux conceptions théoriques. Il fallait un gouvernement de fait, une institution quelconque, sans phrases, ni formules. On trouva une combinaison heureuse dans le vote de simples lois transactionnelles. Mais quelle médiocre estime elle eut à ses débuts! « Tout dans la loi de 1875 porte la trace d'un assemblage d'éléments irréconciliables, faits pour un concert accidentel, avec une précipitation irréfléchie (1)... » Nous marchons, en un mot, par une expérience déjà longue, sous l'égide d'une chose qui fut si faible à son origine que ses jours en furent comptés d'avance.

Nous n'avons pas à exposer ici par quelles circonstances historiques le prestige de la loi constitutionnelle s'est trouvé singulièrement amoindri chez nous. Il y a dans la pénible et longue préparation qui accompagna son élaboration, dans les hésitations et les flottements des membres de l'assemblée monarchique de 1871, dans les manœuvres obstructives de la minorité républicaine, dans cet ensemble de tergiversations et d'incertitudes qu'occasionna la débâcle, tout le secret de son amoindrissement, la raison de sa médiocrité. Quoi qu'il en soit de ces contingences historiques, il n'en est pas moins vrai que notre loi constitutionnelle tend à se confondre avec la loi ordinaire.

_____

(1) DE BROGLIE. *Histoire et politique*, p. 66.

En faveur de cette opinion, on peut remarquer tout d'abord, que la distinction n'existe même pas dans la dénomination générique des textes. En fait, nos lois constitutionnelles de 1875 apparaissent extérieurement comme de simples lois. Seule la loi du 16 juillet 1875 porte officiellement le titre de « loi constitutionnelle ». Or, dans un pays qui aime à discuter la valeur d'un mot autant et même plus que la chose qu'il représente, ce détail a certainement son importance. Il traduit exactement tout un état d'âme, cet état d'irrésolution dans lequel se trouvaient les députés monarchistes, à la veille de donner un gouvernement à la France, cette indécision dans le désir qu'ils avaient d'en établir un qui permit éventuellement la restauration monarchique.

De plus, il ne faut pas oublier qu'on discuta longuement à l'Assemblée nationale sur le point de savoir si cette assemblée possédait réellement le pouvoir constituant, et il est plaisant de constater que ce droit lui fut dénié précisément par le groupe de l'Union républicaine, jusqu'au vote de l'amendement Wallon. Notre sujet ne comporte pas l'étude des controverses qui s'élevèrent à ce propos au sein de l'Assemblée de Bordeaux. Nous ne rechercherons pas si cette assemblée avait été convoquée uniquement pour trancher la question de paix, comme le prétendait le parti républicain, ou si elle avait reçu mandat d'élaborer une Constitution, comme le soutenait la majorité royaliste. Il nous suffit de savoir que les partisans de l'une ou l'autre thèse, travaillèrent avec le secret espoir de faire le moins possible dans le sens d'une élaboration définitive et de ré-

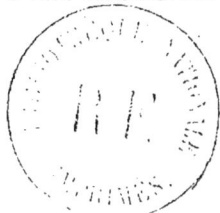

7

server, pour l'avenir, toute leur liberté d'action. Au
fond, ils n'eurent pas l'intention de créer une véritable
Constitution et c'est justement en raison de ces coïn-
cidences politiques que nos lois de 1875 ne furent pas
appelées constitutionnelles tant elles l'étaient peu en
théorie.

Il reste à examiner maintenant si en pratique les lois
de 1875 se distinguent des autres lois. Or, il faut bien
se rendre compte que la distinction qui en résulte ne
repose pas sur un fondement très solide. A ce point de
vue les Constituants de 1875 n'ont pas oublié leur tradition. Ils se sont contentés d'une différenciation formelle. En effet, ils ont donné compétence au Parlement
pour la modification des lois constitutionnelles et cela
équivaut à lui donner une souveraineté à peu près aussi
absolue que celle dont jouit le Parlement anglais. La
seule différence qui existe entre les deux cas, c'est que
le Parlement anglais peut modifier par la procédure législative ordinaire tout ou partie de la Constitution,
tandis que les Chambres françaises doivent recourir à
une procédure spéciale de révision. Nous avons déjà vu
que la distinction des lois basée sur des procédures formalistes ne peut jamais être qu'une distinction de pure
forme. Dès lors, il apparaît qu'en France nos lois constitutionnelles sont à la merci du Parlement. Si, par
ailleurs, on songe que l'omnipotence de nos Chambres
n'est limitée par aucun pouvoir modérateur, qu'il n'y a
pas chez nous le recours au *veto* populaire, tel qu'il
fonctionne en Amérique par les Conventions, ou en
Suisse par le plébiscite constituant, qu'il n'y a pas non

plus le recours au pouvoir judiciaire par le moyen tiré
de l'inconstitutionnalité, tel qu'il existe aux Etats-Unis,
il sera moins vrai de prétendre qu'il y a une profonde
distinction entre les deux lois que de soutenir, au contraire, qu'elles tendent à leur identification. Voilà pourquoi nous disions, au chapitre précédent, de la loi constitutionnelle qu'elle n'est, somme toute, qu'une loi ordinaire sauf sa procédure de révision.

En essayant de donner aux principes constitutionnels une supériorité sur les lois de circonstance, par le
simple jeu d'une procédure de révision, on n'a réussi
qu'à lui donner une autorité formelle, c'est-à-dire dé-
pendante de l'organe qui a émis la loi. Or, comme nous
savons que cet organe constituant dépend lui-même du
pouvoir législatif, puisqu'au fond les décisions du Congrès ne sont que l'accord conjoint des deux Chambres
délibératives, il appert clairement qu'il ne peut y avoir
dans l'état des choses actuelles, aucune distinction essentielle entre des actes qui émanent sensiblement du
même corps. Ce n'est pas soutenir un paradoxe de par-
ler après cela d'assimilation.

On objectera, sans doute, que le Congrès diffère du
Corps législatif. Nous-même avons établi qu'il est distinct du Parlement ordinaire. Extérieurement, en effet,
il se présente comme un organe à part, différencié de
l'organe législatif habituel. Mais que se passe-t-il en
réalité? Envisagé d'un point de vue interne, le fonctionnement du pouvoir constituant ne dépend-il pas de
la volonté des Chambres? N'est-ce pas le pouvoir législatif qui met en mouvement ce pouvoir constituant?

Cette médiocrité d'origine du constituant pourrait encore s'excuser, si l'Assemblée nationale retenait la plénitude des pouvoirs. Mais, en pratique, il n'en est rien. Le pouvoir législatif ne se contente pas seulement de provoquer la réunion du Congrès, il entend, en outre, régler à l'avance, l'ordre du jour de la nouvelle assemblée : aussi bien étant admis aujourd'hui en coutume constitutionnelle, que la révision doit être limitée aux questions préalablement déclarées révisables par les deux Chambres.

Ce n'est donc pas trop s'avancer d'affirmer qu'avec le système de la « révision limitée » le pouvoir constituant ne peut, en matière de modifications constitutionnelles, qu'ajouter une sanction formelle au droit d'initiative des Chambres. On l'a dit avec juste raison : le Congrès n'est plus dans ce système qu'une Chambre d'enregistrement. Voilà pourquoi, il nous a paru logique de soutenir que si, actuellement, il existe encore quelque différence entre nos lois constitutionnelles et les lois simples, cette distinction est de pure forme et toute la précellence de la loi de constitution se ramène au fond à une autorité formelle (1).

Or, cette distinction de pure forme, cette autorité formelle, remarquons-le bien, est un critérium de différenciation fort précaire. C'est tout juste s'il ne mène pas pratiquement à l'assimilation des lois. Écoutons Laband : « L'autorité formelle de la loi, dit-il, peut-être

(1) En notre sens Duguit, *op. cit.*, p. 1103, ss.

établie suivant une gradation ascendante ou descendante, selon que l'on veut compliquer ou faciliter les formes par lesquelles une ordonnance peut être modifiée. C'est ce qui constitue la différence entre les lois simples et les lois constitutionnelles, quand il y a lieu d'appliquer des règles spéciales, en dehors de la voie législative ordinaire, pour abroger les lois constitutionnelles. Augmenter l'autorité des lois constitutionnelles, c'est rehausser l'autorité formelle de la loi, tandis que l'effet matériel d'une disposition demeure intact, que la disposition fasse partie de la Charte constitutionnelle ou d'une loi simple ou d'une ordonnance publiée légalement. En conséquence, il est toujours possible de donner l'autorité formelle d'une disposition constitutionnelle à un article de loi qui ne fait pas partie de la charte constitutionnelle, en stipulant quelle ne peut être modifiée que par la voie imposée aux modifications de la Constitution; et, d'autre part, il est possible de donner l'autorité formelle d'une simple loi à une disposition constitutionnelle, en stipulant qu'elle peut être modifiée par la voie législative ordinaire (1). » Le critérium formel n'accorde, en somme, qu'une « supériorité mystique », à la loi constitutionnelle. Sa préséance ne repose pas sur son contenu, mais plutôt sur la manière dont il est fixé. Elle se fonde sur une autorité formelle que la puissance souveraine de l'Etat peut à son gré étendre ou supprimer. La loi constitutionnelle tout

---

(1) LABAND, *op. cit.*, t. II, p. 359.

comme une simple loi, n'est que l'expression formelle
de la volonté de l'Etat, et nous savons déjà que devant
la souveraineté étatique, toutes les lois sont égales. Placer ainsi dans les procédures spéciales de révision, le
fondement de la distinction qui nous occupe, c'est mas-
quer par un artifice leur similitude juridique.

La pratique confirme d'ailleurs toutes nos observations. Dans les faits nous retrouvons l'indication péremptoire de la tendance à l'assimilation. On peut la
déduire des circonstances suivantes : 1° du laconisme
avec lequel la loi de constitution statue sur l'organisation gouvernementale actuelle. N'ayant plus la prétention d'être, à elle seule, toute la législation fondamentale du pays, elle s'éloigne de la conception
révolutionnaire qui incorporait dans la même Constitution des questions de droit administratif, voire même
de droit pénal. Or, cette différence de contenu entre nos
présentes lois constitutionnelles et les constitutions antérieures, prouve qu'en France, le domaine de la loi
simple s'est démesurément accru; 2° la tendance à
l'assimilation est aussi marquée par ce fait que chaque
fois qu'on a révisé ce minimum de dispositions fondamentales qu'est la Constitution de 1875, le Parlement
a cherché à étendre sa compétence en « déconstitution-
nalisant » certaines parties de l'ancien texte. Par cela
même, l'omnipotence parlementaire s'est accrue dans
la mesure où s'est développé le domaine législatif (1);

(1) Révision de 1879 : abrogation art. 9. L. 25 février 1875.
— de 1884 : abrogation des art. 1 à 7. L. 24 février 1875
et article premier, § 3, L. 16 juillet 1875.

3° enfin, les modifications coutumières ont réduit la
compétence de la loi constitutionnelle à des attributions si restreintes, qu'en fait, il n'est pas exagéré d'affirmer que tout notre organisme politique évolue et se
développe en dehors de la loi écrite. Il y a donc chez
nous une constitution organique coutumière en voie
de formation, de sorte que le « système français tend
à se rapprocher du type anglais (1) ».

Conclusion. — Pour résumer nos observations, nous
dirons qu'en France, comme dans la plupart des
nations européennes, l'idée de loi constitutionnelle a
subi une transformation profonde. La Constitution est
devenue plus flexible. Il semble, par conséquent, que la
distinction classique des Constitutions rigides et des
Constitutions flexibles ait cessé de marquer une opposition catégorique entre les pays qui adoptent l'une ou
l'autre de ces formes. Sans doute, les systèmes constitutionnels offrent une variété croissante de lois fondamentales. Au fond, ces diverses modalités entraînent
entre les lois, une différenciation de degré plutôt que
d'espèce. Dans l'ensemble, et surtout dans les Etats
unitaires, il s'est produit un affaiblissement fâcheux de
la vieille distinction. Les théories assimilatrices ont
gagné du terrain; aussi, le système anglais qui ne dis-

---

(1) SALEILLES, *Développement de la Constitution française actuelle (Annales de l'Académie américaine des sciences politiques et
économiques*, juillet 1895).

tingue pas les lois constitutionnelles des lois ordinaires
est en passe de se généraliser théoriquement et pratiquement, dans les nations du vieux Continent.

Est-ce un progrès? Et dans ce cas, doit-on transplan-
ter complètement le système chez nous? Nous ne le
croyons pas. Indépendamment du danger qu'il y a à
emprunter à un peuple étranger une institution qui ne
cadrerait pas avec notre mentalité, il convient de faire
remarquer que l'assimilation complète des lois est une
entreprise périlleuse, qu'il n'est pas expédient de voir
aboutir chez nous. Entre les deux peuples, une antinomie fondamentale créée par de nombreuses dissemblances historiques, et développée par des idées constitutionnelles et politiques différentes, s'oppose à toute
imitation trop servile. Il ne faut pas oublier qu'entre
les deux pays, il y a toute cette différence que si « le
Parlement français est l'œuvre de la Constitution, la
Constitution anglaise est l'œuvre du Parlement (1). »
Cette antinomie date de 1789. Du jour, où rompant avec
le passé, nous avons fait table rase de l'ancienne organisation politique et sociale, il a bien fallu réédifier l'institution politique et la protéger par une loi fondamentale. Or, comme nous sommes un pays de loi écrite,
nous avons fatalement adopté le type de la Constitution
rigide. C'est ce type que nous devons conserver, non
pas tant parce qu'il précise la mesure de nos devoirs et

---

(1) Bousquet de Florian, op. cit., p. 247.

l'étendue de nos droits, mais parce qu'il est, comme le dit Duguit, « une garantie positive, des règles limita tives qui s'imposent à l'Etat législateur (1) ».

Est-ce à dire pourtant que dans notre système actuel, la garantie soit suffisante, que la sauvegarde soit complète? Quelles mesures notre législation a-t-elle adoptées pour faire tomber une loi ordinaire qui aurait été prise en opposition avec la Constitution? Dans le cas où ces mesures n'existeraient pas, convient-il de les créer? N'y a-t-il pas lieu, comme aux Etats-Unis, d'établir un pouvoir modérateur distinct, qui serait, selon l'expression de Benjamin Constant, « le pouvoir judiciaire des autres pouvoirs » et devant qui les particuliers lésés, auraient le droit d'invoquer la nullité juridique de la loi inconstitutionnelle? C'est la question qu'il nous reste à étudier. Il ne faut pas la croire en dehors de notre sujet. Le problème de l'inconstitutionnalité est, en effet, une conséquence logique et directe de la distinction des lois, car celle-ci suppose une loi fondamentale hiérarchiquement supérieure à la loi ordinaire et il faut bien, si l'on ne veut pas rester dans l'abstrait, trouver le moyen de rendre cette suprématie effective. En France, qu'avons-nous fait en ce sens et que convient-il de faire?

_____

(1) Duguit, op. cit, p. 654, éd. 1907.

CHAPITRE IV

La sanction des Lois constitutionnelles.

Si l'on voulait résumer en une formule unique, la différence essentielle qui existe entre une loi constitutionnelle et une loi ordinaire, on pourrait dire que la première est une loi d'obligation absolue, tandis que la seconde est d'obligation relative, en ce sens que pour être obéie, la loi ordinaire doit être conforme à la loi constitutionnelle. La loi constitutionnelle a donc toute la valeur d'un « étalon invariable (1) » sur lequel se mesure la valeur des autres dispositions législatives. Mais, qui sera juge de la valeur juridique d'une loi ordinaire et qui dira si elle est conforme au texte constitutionnel? Ou, présentant la même question sous une

_____

(1) Wilson, _op. cit._, t. II. p. 186, éd. 1902.

autre forme, quelle est la sanction des lois constitutionnelles?

La question ne se pose véritablement avec toute sa
force, que dans les pays où les règles constitutionnelles sont codifiées et strictement précisées dans un contexte formel. Au contraire, dans ceux où la loi suprême
n'est pas codifiée, ou si l'étant, ne diffère pas de la loi
ordinaire, la question ne peut être soulevée. En Angleterre, par exemple, l'assimilation entre les deux lois
étant complète, il ne peut venir à l'idée de personne,
une fois que le Parlement a modifié quelque ancienne
coutume constitutionnelle, de contester la valeur juridique d'un acte voté dans la forme régulière des textes
législatifs anglais. Par conséquent, « aucun acte du
Parlement, dit Paley, ne peut être inconstitution-
nel (1) ». Pour la même raison, une solution identique
est admise dans le Droit constitutionnel allemand et italien (2).

En France, la question s'est toujours posée; mais, elle
n'a jamais été résolue. Nous savons par tout ce qui précède, que nos Constitutions n'ont imaginé que des
moyens inefficaces. Qu'il s'agisse de la sanction royale
organisée par la Constitution de 1791, par les Chartes
de 1814 et de 1830, ou de la sanction présidentielle prévue chez nous et réduite au droit de demander une se-

_____

(1) Boutmy, *op. cit*, p. 75, éd. 1885.

(2) Orlando, *op. cit.*, p. 384, éd. 1902; — L. Palma, *op. cit.*,
p. 546, t. II.

conde délibération [L. 16 juillet 1875, art. 7, § 2], ces prérogatives ont été ou sont trop faibles pour croire qu'elles puissent assurer le respect et le maintien du pacte constitutionnel. De même, le procédé admis par les Constitutions de l'an III, de l'an VIII et de 1852 et qui attribuait à la Chambre Haute le droit d'annuler les textes entachés d'inconstitutionnalité, n'a jamais empêché l'établissement des décrets anticonstitutionnels du premier Empire ou le vote de la loi de sûreté générale sous le Second Empire. Quant à la Constitution de 1875, à part le droit de *veto* dont nous parlions plus haut, ou le droit que les Présidents de la Chambre et du Sénat tirent de la discipline parlementaire (1) de s'opposer nettement à la discussion de toute proposition inconstitutionnelle, notre Constitution n'a rien prévu en dehors de ces deux cas, pour empêcher le vote d'une loi inconstitutionnelle. Par conséquent, en France, bien que les théoriciens aient toujours été acquis au principe de la Constitution écrite, et le soient encore, en doctrine, tout notre « appareil extérieur et solennel est resté sans effet. Et le législateur est demeuré absolument libre d'organiser à sa guise les grands principes déposés dans la Constitution et... de les violer au besoin (2) ».

Il convient, au surplus, de faire remarquer que ces

---

(1) Règlements de la Chambre, art. 97, et du Sénat, art. 29.

(2) LARNAUDE, *Les garanties judiciaires contre les actes du pouvoir législatif. (Bulletin de législation comparée*, 1902, mars-avril.)

moyens, de nature plutôt politique, pouvaient ou peuvent encore constituer un contrôle minimum de toute proposition de loi envisagée dans ses éléments externes, et avant que la proposition ne devienne définitive par sa promulgation. Mais, dès que la loi a été promulguée, ces moyens ne servent plus de rien. Et alors, il reste à se demander, s'il y a, chez nous, une limitation juridictionnelle des actes définitifs du pouvoir législatif. Le pouvoir judiciaire peut-il connaître de la constitutionnalité d'une loi?

La question se présente sous un double aspect. Il s'agit de savoir, d'une part, si les tribunaux peuvent vérifier l'existence externe de la loi, en recherchant si elle possède tous les éléments formels de la loi et s'ils peuvent la déclarer inapplicable, au cas où l'un de ces éléments formels viendraient à manquer (par exemple : absence de consentement de l'une des Chambres); d'autre part, s'ils peuvent examiner les éléments internes de la loi, dans leur rapport avec la loi fondamentale et la frapper d'inefficacité si cette loi viole un principe constitutionnel.

En l'absence de dispositions expresses, la doctrine est, à ce sujet, très divisée. M. Duguit refuse aux tribunaux le droit d'apprécier la constitutionnalité des lois. Ils ne peuvent vérifier, ni l'existence formelle d'une loi promulguée, parce qu'ils ne sont pas juges de la régularité des procédures parlementaires, ni sa légalité matérielle. Mais, à l'appui de cette dernière opinion, M. Duguit nous donne des raisons peu juridiques et qui semblent se ramener à des considérations d'opportunité politi-

que (1). M. Larnaude estime, de son côté, que les tribunaux peuvent ne pas appliquer une loi dépourvue d'un
ou plusieurs éléments formels; mais, que leur pouvoir
s'arrête à ce seul examen des conditions extérieures. Il
s'élève, en principe, contre l'adoption de la règle américaine de l'inconstitutionnalité, pour des motifs plutôt politiques que juridiques (2). Orlando admet le pouvoir de contrôle du judiciaire sur l'existence formelle
de la loi, car il observe très justement que le juge ne
peut appliquer qu'une loi qui existe et elle existe « non
pas en tant quelle est promulguée, mais en tant que le
pouvoir législatif l'a faite (3). » Mais il rejette théoriquement le système du contrôle des actes législatifs mis
en rapport avec la Constitution de l'Etat, d'abord parce
que la permanence du contrôle fait planer sur la validité de la loi une incertitude antijuridique qui ne peut
se dissiper que le jour où la jurisprudence a statué sur
la constitutionnalité et ensuite parce que ce contrôle ne
serait qu'accidentel et subordonné à l'existence d'une
codification complète de la règle constitutionnelle. Or,
dans un conflit entre le Parlement et le pouvoir judiciaire, il serait loisible à celui-là d'avoir le dernier mot.
puisqu'il n'aurait qu'à supprimer la règle fondamen-

---

(1) Duguit, *op. cit.*, p. 659.

(2) Larnaude, *op. cit.*, p. 220 et ss.

(3) Orlando, *Téoria giuridica delle guarantigie della libertà*,
p. 966.

tale sur laquelle se baserait la recevabilité de l'exception d'inconstitutionnalité (1).

Pour M. Hauriou, au contraire, les tribunaux ont le droit de juger de la constitutionnalité de la loi, en l'examinant non seulement dans ses éléments formels, mais en l'appréciant dans ses rapports avec les règles positives de la Constitution écrite. M. Hauriou va même plus loin et admet la possibilité de vérifier la concordance de la loi avec « les conditions fondamentales d'existence de l'Etat (2) », même si ces conditions sont non écrites. Le savant auteur compte, d'ailleurs, sur le pouvoir prétorien du juge pour déterminer ces règles des « conditions permanentes de la vie des états » et croit que l'arrêt Winkell constitue un premier précédent en faveur de la thèse de l'inconstitutionnalité (2). Déjà, en 1894, M. Jèze, soutenait une thèse identique et reconnaissait aux tribunaux le droit de « vérifier l'existence » des lois et de refuser l'application d'une loi contraire à la loi constitutionnelle. « Le juge, écrivait-il, ne sort pas du cercle de ses attributions; il ne

---

(1) ORLANDO, *op. cit.*, p. 384.

(2) Note au bas de l'arrêt Winkell, C. E. 7 août 1909, S. 1909-3-145. Il s'agit du rejet d'un pourvoi formé devant le Conseil d'Etat par un postier révoqué pour fait de grève, basé sur l'inobservation de l'article 65 de la loi du 22 avril 1905 relatif à la communication préalable des dossiers. Le Conseil d'Etat a rejeté parce que « le législateur n'a pu comprendre la grève dans un service public au nombre des cas, en vue desquels il a formulé cette prescription ». Voir *Droit administratif*, p. 39, éd. 1901, et page 961, éd. 1911.

viole pas le principe de la séparation des pouvoirs, pas plus que lorsqu'il refuse son appui à un décret, à un arrêté préfectoral ou municipal contraire à une loi (1). »

Nous estimons, pour notre part, que le pouvoir judiciaire peut, à la rigueur, ne pas tenir compte d'une loi qui n'aurait pas été votée conformément à la procédure déterminée par la loi constitutionnelle. Mais, nous ne pensons pas que nos tribunaux puissent, en outre, examiner la constitutionnalité de la loi, en interprétant son contenu et en le confrontant, en quelque sorte, avec les prescriptions de la règle constitutionnelle écrite. Nous croyons d'ailleurs, que cette question est sans grand intérêt chez nous. En effet, nos lois constitutionnelles actuelles ne sont que des lois de procédure. Elles ne s'occupent que de l'organisation et des rapports des pouvoirs publics. Quel droit pourrait invoquer le particulier lésé, puisque notre présente Constitution est muette sur la question des droits et libertés réservés? D'autre part, ne faut-il pas remarquer que la plupart des règles de la procédure législative, sont inscrites dans les règlements des Chambres et non dans la Constitution? Or, sans compter qu'une Chambre peut toujours s'affranchir de la discipline intérieure qu'elle s'est imposée, comment peut-on concevoir, l'élaboration d'une loi inconstitutionnelle en la forme, puisque nos lois de 1875 n'ont pas réglementé constitutionnellement la pro-

---

(1) JÈZE, *Contrôle des délibérations des Assemblées délibérantes.* (*Revue générale d'administrtion*, 1895, août-septembre.)

cédure législative? A moins d'imaginer des procédés presque révolutionnaires ou, comme le dit M. Duguit, le juriste n'a plus rien à voir, on ne peut guère supposer que deux cas où la loi serait atteinte « d'inconstitutionnalité formelle » : d'une part, le cas où elle aurait été votée sans le consentement de l'une des deux Chambres, ce qui, évidemment, la mettrait en contradiction flagrante avec l'article 1, paragraphe 1 de la loi constitutionnelle du 25 février 1875 et, d'autre part, le cas du vote hors de la session légale, contrairement à l'article 4 de la loi du 16 juillet 1875 (1).

Le champ d'application de l'exception d'inconstitutionnalité est donc singulièrement restreint en France. Les hypothèses précitées sont plus que conjecturales et vraiment le fait de n'accorder à nos tribunaux que le droit de vérifier l'existence formelle des lois, est une garantie bien insignifiante. Par contre, combien plus vraisemblables sont les hypothèses que l'on peut faire sur les contrariétés de principe qui peuvent exister entre la loi simple et la loi fondamentale et combien plus nombreux peuvent être les cas qui se référeraient aux nullités juridiques créées par les violations des libertés garanties. On voit aussi combien plus intéressant serait le contrôle judiciaire de la constitutionnalité intrinsèque des lois. Malheureusement, faute de textes positifs,

___

(1) HAURIOU. *Précis de Droit administratif.* p. 39, éd. 1901.

8

ce contrôle n'existe pas chez nous et la doctrine qui l'admet demeure sans base légale (1).

Or, à moins de nier la distinction objective qui existe entre une loi constitutionnelle et une loi ordinaire, distinction qui donne à la loi constitutionnelle un caractère spécifique très marqué, il faut bien admettre en faveur de celle-ci, tout au moins la présomption d'inviolabilité. Quelle singulière anomalie que celle d'une loi constitutionnelle sans sanction et comme il est illogique d'adopter une Constitution écrite qui échappe au pouvoir d'interprétation des tribunaux!

N'est-il donc pas possible de sanctionner la loi constitutionnelle et ne peut-on confier aux tribunaux le soin d'apprécier la constitutionnalité des lois ordinaires? Le système qui a si bien réussi aux Etats-Unis ne peut-il être institué chez nous qu'au risque de multiples inconvénients et sans aucune chance de donner aussi quelques avantages? C'est ce que nous allons voir dans un instant. Mais auparavant il nous faut, à grand trait, esquisser l'institution américaine.

Pour bien comprendre le système américain, il faut se rappeler tout d'abord, que tout le gouvernement des

----

(1) La thèse de l'inconstitutionnalité n'est pas seulement rejetée par la jurisprudence des tribunaux ordinaires, elle est encore sérieusement compromise par l'existence d'un texte aussi explicite que l'article 127 du Code pénal qui interdit aux juges, à peine de forfaiture, non seulement le pouvoir réglementaire, mais le droit d'arrêter ou de suspendre l'exécution d'une loi. V. aussi art. 3, ch. V., titre III, C. 1791.

Etats-Unis, gouvernement fédéral ou gouvernement des Etats particuliers, est à base de régime parlementaire reposant sur les énonciations positives de la Constitution écrite. En Amérique, la Constitution limite les organes de l'Etat et ne leur accorde que des pouvoirs délégués. Ni le Congrès, ni les Chambres des Etats de l'Union ne peuvent transgresser les règles fondamentales qu'elle se réserve. Comme le dit très pittoresquement Bryce : « La rivière ne peut pas remonter au delà de sa source (1) ». Aux Etats-Unis, par conséquent, le problème de la constitutionnalité des lois se posait avec toute sa gravité, et avec d'autant plus de force que l'Etat américain se présente sous une forme fédérale très caractéristique. Il fallait donc adopter un système qui précisât le départ des pouvoirs entre chaque organe de l'Etat fédéral et qui maintînt tous ces pouvoirs dans les bornes tracées. Les Constituants de Philadelphie choisirent le type contractuel de la Constitution rigide et donnèrent au pouvoir judiciaire le droit de l'apprécier (2).

Effectivement par interprétation de l'article 1, section II du chapitre III de la Constitution fédérale du 17 septembre 1787, l'autorité judiciaire a un pouvoir de contrôle sur tous les actes législatifs élaborés, non

---

(1) Bryce, *La République américaine*. t. I, p. 348, éd. 1900.

(2) Ce droit n'a pas été expressément donné aux tribunaux par la Constitution. Mais il ne faisait aucun doute dans la doctrine des fondateurs de la Constitution. V. Fédéraliste. Lettre 78; Chambum, *Droits et libertés aux Etats-Unis*, p. 287.

seulement par la législature de chaque État, mais par
l· Congrès des États-Unis lui-même. Il importe de faire
remarquer que tous les tribunaux ont ce droit et la jurisprudence américaine offre des exemples de juge-
ments rendus en cette matière, par de simples juges de
paix. Au sommet de la hiérarchie judiciaire et comme
pour couronner le système, se dresse la Cour Suprême.

Cette Cour se compose d'un président (chief-justice),
de huit assesseurs (associate justices), d'un attorney
général représentant le Ministère public et d'un solli-
citor général. Ces membres sont nommés par le Président des États-Unis, après avis conforme du Sénat. Ils
sont inamovibles, puisqu'ils ne peuvent être révoqués
tant que dure leur bonne conduite (during good be
haviour). La Cour suprême est créée par l'article 1, section 1, Chapitre III de la Constitution.

Les pouvoirs de la Cour suprême ont été nettement
définis par la Constitution elle-même. Sa compétence
s'étend, tant en première instance qu'en appel, à toutes
les causes de droit et d'équité qui « pourront naître de
la présente Constitution, des lois des États-Unis, des
traités conclus ou à conclure sous leur autorité (1) ».
Disons tout de suite, que malgré la brièveté du texte,
la jurisprudence et la doctrine, ont créé une institution originale « qui est bien, dit Charles Benoist, l'une
des créations les plus remarquables, et, sous tous les

---

(1) Constitution de 1787, v. DARESTE, *Les Constitutions modernes*, t. II. p. 409.

rapports, les plus considérables dont puisse s'enorgueil-
lir la science ou l'art de la politique (1) ».

La Cour des Etats-Unis a pour mission de faire res-
pecter la Constitution et la législation fédérales par les
Constitutions et législations des Etats particuliers et ré-
ciproquement, de garantir ces dernières contre les usur-
pations de la législation fédérale. Dans les conflits qui
peuvent surgir entre la Constitution fédérale et une loi
fédérale, il est évident que le dernier mot appartient
à la loi fondamentale. D'autre part, si le conflit s'élève
entre une loi fédérale et une loi d'Etat, il est non moins
évident que la loi fédérale l'emporte, à condition, bien
entendu, que la loi fédérale soit conforme avec la Constitution des Etats-Unis et ne viole pas les droits qui ap-
partiennent aux Etats particuliers, ceux-ci, en effet,
ayant tous les droits que la Constitution fédérale ne
s'est pas réservée, ou n'a pas accordés au Congrès
(amendement X, C. 1787).

Toute cette organisation suppose aux tribunaux de
tout ordre un large pouvoir d'interprétation, non seulement des lois les plus simples des législatures particulières, mais des Constitutions particulières, des lois
fédérales et en dernier lieu, de la Constitution fédérale
elle-même. En dernière analyse, « le pouvoir d'interpréter les lois comprend nécessairement la fonction de
déterminer si elles sont conciliables ou non avec la
Constitution et si elles ne le sont pas, de les déclarer

---

(1) C. BENOIST, La réforme parlementaire, p. 258, éd. 1902.

nulles et sans effet. Comme la Constitution est la loi suprême du pays, dans un conflit entre elle et les lois votées soit par le Congrès, soit par les Etats, il est du devoir de l'autorité judiciaire de suivre celle-là seulement qui a une force obligatoire prédominante (1)... »

Malgré la complexité de ce vaste organisme, tous les auteurs sont unanimes à déclarer, qu'en pratique, la Cour Suprême « travaille avec infiniment peu de frottement (2) ». Son fonctionnement n'a jamais suscité de difficultés bien sérieuses. La Cour Suprême s'est toujours montrée très discrète et très réservée dans ses relations avec l'Exécutif et le Législatif. Elle n'a jamais voulu, notamment, s'engager sur le terrain de la controverse politique et l'on cite couramment le refus qu'elle opposa à Washington, lui demandant son avis sur l'interprétation du traité de 1778 avec la France. Elle a ainsi évité d'entrer en conflit avec les autres pouvoirs et n'en a pas moins réussi à les limiter efficacement. La remarque est à signaler, car ce sont surtout les relations de la Cour avec les organes politiques du gouvernement qui intéressent, puisqu'en définitive, c'est sur elle que repose toute la jurisprudence de l'inconstitutionnalité.

Le succès du système peut tenir, pour une large part, à la psychologie particulière du peuple américain et

---

(1) STORY, *Commentaires de la Constitution des Etats-Unis*, n° 1576.

(2) BENOIST, *op. cit.*, p. 251.

aux qualités éminentes des magistrats de la Cour Suprême. Il est impossible, par exemple, dans une étude
si sommaire soit-elle de l'institution américaine, de ne
pas citer tout au moins le nom de John Marshall; de ce
Chief-justice qui présida la Cour pendant trente-quatre
ans et qui est aussi connu en Amérique, que le plus populaire des Présidents de la Confédération (1). Mais, ces
considérations ne doivent pas faire oublier que le secret
de la force du système tient aussi à des raisons d'ordre
juridique, par exemple, à la forme même du texte de
la Constitution des Etats-Unis ainsi qu'au caractère
exclusivement judiciaire de l'institution.

Pour se convaincre de la portée juridique de la Constitution américaine, il n'est besoin que de lire le texte
qui a été élaboré par les Constituants de Philadelphie.
On se rend compte, tout de suite, d'une part, que les
articles constitutionnels ne se réfèrent pas uniquement
à l'organisation objective des pouvoirs publics, mais,
qu'ils cherchent, en outre, à assurer la protection efficace d'un certain nombre de libertés naturelles, à portée essentiellement subjective. D'autre part, les articles
de la Constitution se présentent extérieurement sous
une forme prohibitive, aussi précise qu'impérative, et
sont par cela même susceptibles d'être appliqués juridiquement.

---

(1) Voir en quels termes élogieux Bryce a rappelé les services rendus à la Constitution par J. Marshall, *Rép. américaines*, p. 381.

Par conséquent, loin d'être, comme la plupart de nos constitutions françaises, un Code de préceptes éthiques, à sanction purement morale ou politique, la Constitution américaine est un texte empirique, à réglementation positive et à sanction judiciaire. Tous les articles qui sont relatifs à la liberté individuelle et religieuse, aux libertés de réunion et de la presse, à l'inviolabilité du domicile, à l'égalité du droit de suffrage, ont pour origine des faits concrets et historiques; et ce n'est qu'instruits par l'expérience, que les Constituants ont interdit au législateur de porter atteinte à ces libertés essentielles. Il nous reste à voir comment a été organisée la sanction juridique des interdictions expresses contenues dans la Constitution des Etats-Unis.

Nous avons déjà dit que le pouvoir de contrôle avait été accordé à tous les tribunaux américains. La raison en est simple. On a pensé que ce pouvoir serait moins dangereux, s'il était exercé par l'ensemble des tribunaux de l'Union, que s'il avait été confié à un tribunal spécial, mi-juridique, mi-politique, dont les fonctions eussent été exercées sur recours et eussent, par conséquent, dégénéré en pouvoir de cassation. En fait, ce pouvoir de contrôle est moins redoutable. Tous les tribunaux l'exercent au même titre et selon une procédure qui ne diffère point de la procédure ordinaire applicable à leur saisine, à la marche du procès, et aux effets quotidiens de la décision intervenue.

Quant à leur saisine, on peut dire que les tribunaux attendent le procès. Ils ne vont pas au devant de la question, « en provoquant en quelque sorte en champ clos, le pouvoir législatif (1) ». Pour vérifier la constitutionnalité de la loi, il faut qu'un procès surgisse à l'occasion d'un conflit d'intérêts privés et que les plaideurs apportent à la barre, le cas concret d'une loi faisant griefs d'inconstitutionnalité. Et c'est à propos d'une espèce particulière, que les juges se décident à donner aux violations de la loi constitutionnelle, une sanction de droit civil. Le procès peut s'élever « jusqu'au droit pur, jusqu'à la philosophie politique, jusqu'à la métaphysique constitutionnelle; mais cela part toujours du choc des intérêts de deux personnes en chair et en os, de la plainte d'un citoyen ou d'un Etat américain et de la plainte formelle, judiciairement introduite, de tel citoyen ou de tel Etat (2) ». La décision n'est jamais qu'une décision d'espèce et si elle est prise par des tribunaux inférieurs, elle est toujours susceptible d'être réformée, en appel, par la Cour Suprême.

Les juges, et plus spécialement les membres de la Cour Suprême, ont tellement peu le désir d'empiéter sur le pouvoir législatif, qu'ils n'examinent la constitutionnalité de la loi déférée, que si le point litigieux l'exige expressément ou si la violation est manifeste. Mais, ils n'hésitent pas, le cas échéant, à ne pas en tenir compte si elle est inconstitutionnelle, et à donner raison au plai-

---

(1) LARNAUDE, op. cit., p. 196, éd. 1902.

(2) Ch. BENOIST, Exposé des motifs à une proposition de loi tendant à instituer une Cour suprême en France. Ch. des D. documents parl. 28 jan. 1903, annexe 712, p. 99.

gnant, celui-ci eût-il contre lui tous les pouvoirs publics de la Confédération.

D'autre part, les juges n'annulent pas la loi défectueuse. Ils se bornent à ne pas en tenir compte. Ils se refusent à l'appliquer et exercent un droit à peu près semblable à celui de nos juges de simple police qui examinent la légalité d'un règlement administratif et peuvent, en vertu de l'article 471, paragraphe 15 du Code Pénal, ne pas prononcer de peine contre le contrevenant, si le règlement n'a pas été légalement fait.

Enfin, non seulement la décision va produire les effets relatifs de la chose jugée et ceux-là seuls pourront s'en prévaloir qui auront été parties en cause; mais, elle va entraîner, quant à l'espèce **jugée**, « tous les effets d'une véritable nullité (1) ». Or, il faut bien se rendre compte que d'espèces en espèces la loi ne tardera pas à devenir caduque et finira, selon l'expression de de Tocqueville, « par tomber dans l'impuissance (2) ».

Telle est dans ses grandes lignes l'organisation américaine du contrôle judiciaire des lois inconstitutionnelles. Ce système a été adopté par plusieurs nations du Nouveau-Monde. La République Argentine dans la section III de la Constitution du 25 septembre 1860, organise le pouvoir de contrôle sur les mêmes bases que la grande Confédération du Nord. La Constitution brésilienne du 24 février 1891 dispose dans son article 60 :

---

(1) LARNAUDE, *op. cit.*, p. 203.
(2) DE TOCQUEVILLE, *op. cit*, ch. VI.

« Il est du ressort des juges ou tribunaux fédéraux d'ins-
truire et de juger : a) les causes où l'une des parties
fonde sa demande ou sa défense sur une disposition de
la Constitution fédérale; b) toutes les causes introdui-
tes contre le gouvernement de l'Union ou le fisc national et fondées sur les dispositions de la Constitution. »
Au Mexique, l'article 101 de la Constitution du 12 février 1857 prévoit que : « les tribunaux fédéraux résou-
dront toutes les difficultés qui s'élèveraient : 1° à l'occasion des lois ou actes d'une autorité quelconque violant
les garanties individuelles. »

En Europe, il n'y a guère que les tribunaux norvé-
giens qui aient le droit de refuser d'appliquer une loi
entachée d'inconstitutionnalité. Encore, faut-il faire remarquer que ce droit n'est pas expressément visé par la
Constitution et qu'il est dû au seul jeu des principes généraux; qu'il est loin d'avoir l'importance de celui qui
est accordé aux tribunaux américains (1).

Par tout ce qui précède, nous savons qu'en France,
les Constituants n'ont jamais admis, contre les violations de la Constitution, que des sanctions extra-juridi-
ques et bien que la question du contrôle judiciaire se
soit toujours posée, chez nous, nous avons vu qu'elle
n'a jamais reçu de sanctions positives. Les projets
d'adoption d'un système plus ou moins analogue à celui
qui est pratiqué en Amérique, n'ont pourtant pas manqué, surtout sous la période révolutionnaire; mais, ils

---

(1) Larnaude. op. cit.. p. 176.

n'ont pas abouti. Et de nos jours encore, des écrivains, des jurisconsultes et des publicistes se préoccupent de faire admettre en France, la règle américaine.

Déjà, sous la Révolution, plusieurs systèmes avaient été proposés. Kersaint demandait à la Législative, la création d'un groupe de censeurs qui auraient assisté aux séances de l'Assemblée, avec mission de surveiller l'application des lois constitutionnelles. Le 10 mai 1793, Robespierre s'écriait à la Convention : « La Déclaration des Droits est la Constitution de tous les peuples; les autres lois sont muables par leur nature et subordonnées à celle-là; qu'elle soit sans cesse présente à tous les esprits; qu'elle brille à la tête de votre Code public; que le premier article du Code soit la garantie formelle de tous les droits de l'homme; que le second porte que toute loi qui les blesse est tyrannique et nulle (1). » Mais, Robespierre oubliait de dire par qui et comment serait prononcée l'inconstitutionnalité de la loi. Le lendemain, Isnard, proposait l'insertion, au pacte social qu'il soumettait à l'Assemblée, d'un article 5 ainsi conçu : « Tout article de l'acte constitutionnel ou de toute autre loi subséquente qui contrarierait ceux du présent pacte social sera nul. » Pour l'application de ce texte, Isnard ne prévoyait aucune organisation spéciale. Il semble même que l'orateur conventionnel penchât pour une action plutôt révolutionnaire puisqu'il déclarait à la Convention : « Un contrat-social bien

---

(1) *Réimpression de l'ancien Moniteur*, p. 464, t. XVI.

stipulé donne aux citoyens un titre réel et tout puis-
sant, que nulle autorité ne peut violer sans devenir op-
pressive et provoquer la résistance commune et soli-
daire des associés (1). »

Le grand théoricien de la Révolution, Siéyès, reprit
l'idée et la développa sous une autre forme, dans le
discours qu'il prononça à la Convention, le 2 thermidor
an III. Il préconisait la création d'une « jurie constitutionnaire » qui aurait eu pour « mission spéciale de
juger les réclamations contre toute atteinte portée à la
Constitution (2). » Cette jurie devait se composer de
représentants élus par les électeurs même de la Législature. Elle aurait pu recevoir directement les plaintes
de tout intéressé et même de tout citoyen. La jurie pouvait annuler toute loi vicieuse ou condamner à l'amende
l'auteur d'une requête injustifiée.

Comme on le voit, ces divers projets n'avaient guère,
avec le système américain, que le principe de commun.
Ils en différaient, les uns, par l'absence d'un organisme
sanctionnateur; les autres par l'établissement d'un tribunal spécial non compris dans la hiérarchie judiciaire.
Dans le premier cas, la loi constitutionnelle demeurait
sans sanction. Dans le second, la sanction échappait
aux tribunaux ordinaires. On était loin, par conséquent,
de la règle américaine.

De nos jours, si les partisans de l'inconstitutionna-

---

(1) *Ib.*, p. 364, t. XVI. — Esmein, *op. cit.*, p. 425, ss.
(2) *Ib.*, p. 293-95, t. XXV.

lité des lois sont d'accord sur le principe du contrôle, ils sont désunis sur la façon de l'appliquer. Les divers procédés de contrôle peuvent néanmoins se rattacher à deux grands systèmes possibles : d'une part, le système du recours direct devant un tribunal spécial; d'autre part, un système de droit commun accordant le pouvoir de contrôle à tous les tribunaux judiciaires.

Beaucoup d'auteurs estiment que la question est d'ordre exclusivement judiciaire et que le droit de contrôle rentre dans la compétence des tribunaux ordinaires. Déjà en 1873, Louis Blanc, soutenait que le pouvoir judiciaire est seul qualifié pour vérifier la constitutionnalité des lois. « Pour tenir en échec le despotisme d'une assemblée unique, disait-il, le meilleur moyen serait celui qui résulterait, comme cela se pratique aux États-Unis, du droit donné au pouvoir judiciaire, d'annuler les lois inconstitutionnelles, sans bruit, sans éclat, sans provocation et au fur et à mesure de leur application à des cas particuliers (1). » Dans son Manuel de droit constitutionnel, Saint-Girons se prononce dans le même sens : « Il est impossible, écrit-il, de ne pas voir dans le jugement de la constitutionnalité de la loi, une attribution essentiellement judiciaire et, en même temps, une puissante garantie pour les droits des citoyens. La question est judiciaire, puisque la constitution est la loi de tous les pouvoirs publics, la raison d'être de leur existence et la limite de leur action. Et de même que

---

(1) *J. Off.* 12 mars 1873,, p. 1707.

l'autorité judiciaire a le droit de maintenir dans la légalité des règlements administratifs, de même elle doit
pouvoir imposer le respect absolu de la Constitution,
tant qu'elle existe, aux actes législatifs. La volonté du
Parlement a besoin d'être légitime pour demeurer res-
pectable (1). » La même thèse était reprise par V. Clappier, dans le discours qu'il prononça à la Conférence
du stage des avocats au Conseil d'Etat et à la Cour de
cassation, le 12 décembre 1902 (2). En 1895, M. Jèze,
dans un article de la *Revue générale d'administration*,
donnait toutes ses préférences au système qui attribue
le droit de contrôle au pouvoir judiciaire (3).

Le système du recours à un tribunal spécial est beaucoup plus en vogue chez les hommes politiques. Le
15 mars 1894, dans un discours à la Chambre des députés, Alfred Naquet, préconisait l'adoption d'une Constitution limitative et il demandait à l'Assemblée, pour
éviter les lois inconstitutionnelles « d'établir, comme
aux Etats-Unis, une Cour suprême judiciaire qui puisse,
dans les espèces, affranchir l'individu de l'obéissance
à la loi, lorsqu'elle est inconstitutionnelle, absolument
comme les tribunaux peuvent briser dans les espèces,
l'arrêté d'un maire lorsqu'il n'est pas conforme à la

---

(1) Saint-Girons. *Manuel de Droit constitutionnel*. p. 579 ss.,
éd. 1885.

(2) V. Clappier. *Les lois inconstitutionnelles et le pouvoir judiciaire*. (*Gazette des Tribunaux*, 18 décembre 1902.)

(3) Jèze. *op. cit.*. 1895, t. III, p. 162 .

loi (1) ». Il faut dire d'ailleurs que l'orateur était partisan d'une Chambre unique et que sa proposition avait pour but de limiter l'omnipotence de cette dernière. Cette Cour suprême devait être composée de membres élus par l'Assemblée, pour une période de temps égale à la durée des pouvoirs de l'Assemblée suivante. Il y a donc une analogie évidente entre cette Cour suprême et la jurie constitutionnaire de Sieyès (2).

Plus près de nous encore, M. Ch. Benoist déposait le 28 janvier 1903, une proposition de loi tendant « à instituer une Cour suprême pour connaître des atteintes portées aux droits et aux libertés des citoyens ». Dans l'exposé des motifs, l'éminent député de Paris, décrivait l'organisation du système américain et concluait en faveur de la création d'une Cour suprême destinée à limiter le parlementarisme. Sa proposition de loi fut renvoyée à la Commission de la réforme judiciaire et de la législation civile et criminelle. Cette proposition était ainsi conçue : « Article premier. — Il est institué une Cour suprême qui connaîtra des atteintes portées aux droits et aux libertés des citoyens, tels qu'ils résultent de la Déclaration des Droits du 3 septembre 1791. Article 2. — Cette Cour suprême est composée d'un Président et de huit juges. Les neuf membres de la Cour suprême sont nommés par décret rendu en Conseil des ministres, sur une liste de présentation dressée en nom-

---

(1) *J. Off.* du 16 mars 1894, p. 529.
(2) NAQUET, *La République radicale*, ch. XI. p. 145.

bre triple du nombre des sièges, par la Cour de cassation, le Conseil d'Etat, la section de législation de
l'Académie des sciences morales et politiques, les Cours
d'appel, les Facultés de droit, l'Ordre des avocats au
Conseil d'Etat et à la Cour de Cassation, les Conseils de
l'Ordre des avocats, près chacune des Cours d'appel.
Une fois nommés, les neuf membres de la Cour élisent
parmi eux leur président. Il est attaché à la Cour suprême un procureur général, représentant le ministère
public et nommé par décret rendu en Conseil des ministres. Article 3. — Lorsqu'un ou plusieurs membres
de la Cour suprême viennent à mourir ou à se retirer,
il est pourvu à leur remplacement dans la même forme,
le choix devant toujours être fait sur une liste de présentation dressée par les mêmes Corps et qui porte un
nombre de noms triple du nombre de sièges à pourvoir.
Article 4. — Le Président et les juges de la Cour suprême sont inamovibles, sauf le cas de forfaiture, ou
d'indignité, ou d'incapacité physique, constatées par
jugement ou délibération de leurs pairs. Ils ne peuvent
être investis d'aucun mandat, recevoir aucune distinction, remplir aucune autre fonction (1). »

Cette proposition de loi n'indique pas quelle sera la
procédure suivie devant la Cour suprême. Mais, dans
l'exposé des motifs, M. Charles Benoist entend bien que
le haut tribunal se conduira comme une véritable Cour
de justice et qu'il restera soumis aux règles ordinaires.

_____

(1) J. Off. Doc parl.. 1903. annexe 712. p. 99

Et par exemple « il n'interviendra jamais que sur la requête d'une partie, ne rendra jamais que des arrêts
d'espèces et ne pourra jamais qu'interpréter les lois en
les comparant, en les confrontant avec la Constitution,
mais ne les pourra jamais ni défaire ni refaire (1) ».

Cette organisation était la conséquence directe d'un
projet de résolution déposé ce même 28 janvier 1903,
sur le bureau de la Chambre par un groupe de parlementaires, au nombre desquels il faut citer MM. Jules
Roche et Ch. Benoist. Ce projet de résolution, en un
article unique, tendait à réviser les lois constitutionnelles de 1875. Il n'avait pas échappé, en effet, aux partisans de l'inconstitutionnalité que nos lois constitutionnelles actuelles sont incomplètes, quelles ne forment
tout au plus qu'un « code de procédure de Droit public ». Ils pensèrent à bon droit que la création d'une
haute juridiction supposait la détermination préalable
des droits à protéger; qu'il fallait en quelque sorte
« constitutionnaliser » la Déclaration des Droits. C'est
pourquoi les auteurs du projet de résolution proposaient
les modifications suivantes à notre Constitution : 1° insérer un paragraphe à l'article premier de la loi constitutionnelle du 25 février 1875, qui disposerait ainsi :
«Les droits de l'homme et du citoyen, proclamés dans
la déclaration des droits de la Constitution du 14 septembre 1791 sont la base du droit public des Français et
sont garantis par la Constitution. Le pouvoir législatif

---

(1) Exposé des motifs. *J. Off.*, doc. parl., 1903. annexe 712.) Cf.
Ch. BENOIST, *La Réforme parlementaire.*

ne peut faire aucune loi qui porte atteinte et mette obstacle à l'exercice de ces droits »; 2° Ajouter à la loi constitutionnelle du 25 février 1875, un article 9 ainsi conçu : « Il est établi une Cour suprême chargée de statuer sur les réclamations des citoyens pour violation de leurs droits constitutionnels par le pouvoir législatif ou par le pouvoir exécutif (1). »

De nombreuses objections n'ont pas manqué de s'élever contre ces divers systèmes. Les unes sont d'ordre politique et cherchent à démontrer que le contrôle des lois est dangereux en fait. Les autres sont d'ordre juridique et essayent de prouver que ce contrôle est impossible en droit.

Certains auteurs affirment, en effet, qu'en pratique, le système du contrôle judiciaire serait très dangereux. Il ne tarderait pas à inciter nos magistrats à entrer en lutte ouverte avec le pouvoir législatif et à provoquer ainsi de nombreux conflits. Il deviendrait tôt ou tard une « cause d'agitation et de division... un élément d'anarchie (2) ». D'autre part, il ne conviendrait pas à notre tempérament national. Nous ne supporterions pas longtemps qu'un juge puisse entraver les innovations législatives et puisse tenir en échec toute la représentation nationale (3).

---

(1) J. Off., doc. parl., 1903, annexe 711, p. 99.

(2) Duguit, op. cit., pp. 659-660. Cf. en ce sens Larnaude (Bulletin de législation comparée. 1902, pp. 227-29).

(3) Signorel, Le Contrôle du pouvoir législatif. (Revue politique et parlementaire, 1904, p. 534.)

De telles craintes nous paraissent prématurées. L'extrême réserve que le pouvoir judiciaire a montrée, jusqu'ici, dans ses relations avec l'Exécutif; l'empressement qu'il a toujours mis à invoquer la séparation des pouvoirs, toutes les fois qu'il ne lui appartenait pas d'examiner l'acte administratif, nous autorisent à dire que les conflits seraient moins nombreux qu'on le suppose. En fait, il est à peu près certain qu'à la longue, nos mœurs s'adapteraient au nouvel état de choses, et qu'on n'aurait pas plus de raisons de se plaindre du contrôle judiciaire des lois, qu'on n'en a eues jusqu'ici, de s'élever contre le pouvoir prétorien du Conseil d'Etat examinant la validité des actes de l'Exécutif. Tout permet de supposer, au contraire, que les juges se renfermeraient dans leur mission et ne dépasseraient pas les pouvoirs qui leur seraient conférés.

Plus importante paraît être l'objection contre le contrôle judiciaire des lois, que de nombreux auteurs fondent sur le principe de la séparation des pouvoirs. Permettre aux juges de vérifier la constitutionnalité des lois n'est-ce pas les autoriser à substituer tôt ou tard leur volonté à celle des représentants du peuple? Or, de quel droit, des juges nommés par le pouvoir exécutif et bénéficiant de l'inamovibilité pourraient-ils contrecarrer la volonté des mandataires de la nation? « Si en France, écrivait de Tocqueville, les tribunaux pouvaient désobéir aux lois, sur le fondement qu'ils les trouvent inconstitutionnelles, le pouvoir constituant serait réellement dans leurs mains puisque seuls ils auraient le droit d'interpréter une Constitution dont nul ne pourrait

changer les termes. Ils se mettraient donc à la place de
la nation et domineraient la société, autant du moins
que la faiblesse inhérente au pouvoir judiciaire leur
permettrait de le faire. Je sais qu'en refusant aux juges
le droit de déclarer les lois inconstitutionnelles, nous
donnons indirectement au Corps législatif le pouvoir
de changer la Constitution, puisqu'il ne rencontre plus
de barrière légale qui l'arrête. Mais mieux vaut encore
accorder le pouvoir de changer la Constitution du peuple à des hommes qui représentent imparfaitement les
volontés du peuple, qu'à d'autres qui ne représentent
qu'eux-mêmes (1). »

Au surplus, déclare à son tour P. Janet, non seulement le contrôle judiciaire porte atteinte au principe
de la séparation des pouvoirs, mais il implique nécessairement l'élection des juges. « Le droit de connaître
les principes mêmes de la Constitution, écrit-il, fait du
pouvoir judiciaire, un pouvoir essentiellement politique
et presque un pouvoir souverain; ce qui est inadmissible si ce pouvoir ne se renouvelait pas sans cesse en se
retrempant dans le vrai souverain qui est le peuple. Une
magistrature élective est donc la conséquence nécessaire
de la garantie judiciaire dont on a armé les déclarations
de droits (2). »

Ces arguments ne nous paraissent pas décisifs. Nous
avons déjà dit que l'immixtion intempestive des juges

---

(1) De Tocqueville, op. cit., p. 161, éd. 1840.
(2) P. Janet, *Histoire de la Science politique*, t. I. Introd. p. xxiii.

dans les affaires politiques, nous paraissait une éventualité très problématique. D'ailleurs, il n'est pas du tout question de leur accorder le droit de surveiller le pouvoir législatif et de se substituer à lui; autre chose est, en effet, de faire une loi, autre chose de vérifier sa régularité. Par conséquent, loin d'être une violation de la séparation des pouvoirs, le droit des tribunaux d'examiner la constitutionnalité des lois est une application logique des principes généraux de notre constitutionnalisme, qui suppose la loi fondamentale supérieure à la loi ordinaire et partant la seule applicable en cas de conflit entre elles. La confusion des pouvoirs serait beaucoup plus certaine et bien plus dangereuse si le législateur pouvait être seul juge de l'interprétation des textes constitutionnels et entièrement libre de les éluder au besoin. D'autre part, une magistrature élective serait tentée de jouer un rôle politique d'autant plus dangereux quelle se reconnaîtrait une certaine communauté d'origine avec le pouvoir législatif. Une telle organisation violerait tôt ou tard le principe de la séparation des pouvoirs.

Et d'ailleurs, la théorie de la séparation des pouvoirs n'a pas la valeur absolue qu'on lui a toujours supposée. Il est avéré que le dogme de la séparation, tel qu'il était formulé par Siéyès, est en réalité impraticable. En fait, il n'y a pas et il ne peut y avoir de véritable séparation, mais plutôt distinction de pouvoirs. Chaque pouvoir a, sans doute, une fonction spéciale, mais tous ont une action réciproque les uns sur les autres au lieu d'être butés les uns contre les autres. Bien que la théorie admette un séparation absolue, la pratique permet une certaine compénétration. Prenons par exemple la règle révolutionnaire suivante, posée par la loi du 16 fructidor an III : « Défenses itératives sont faites aux tribunaux de connaître des actes d'administration de quelque espèce qu'ils soient », et mettons-la en regard de l'article 471, paragraphe 15 du Code pénal. Nous constaterons à la fois, une exception à la règle précitée et une atteinte manifeste au principe absolu de la séparation des pouvoirs. Quels dangers cette atteinte au principe fait-elle courir au pouvoir réglementaire des maires et des préfets? Et peut-on soutenir que le droit de contrôle des règlements arme d'un pouvoir réglementaire nos juges de simple police? Les juges n'exerceraient pas davantage le pouvoir législatif s'ils avaient le droit de vérifier la constitutionnalité des lois.

Mais, l'objection de la séparation des pouvoirs étant écartée, et le principe du contrôle judiciaire admis, comment la question peut-elle être résolue en pratique, puisque chez nous, non seulement nos lois constitutionnelles ne sont que des lois de procédure, mais puisqu'elles ne sont précédées d'aucune déclaration de droits? Et seraient-elles même précédées d'une Déclaration des droits, à l'instar de celles qui ornaient le frontispice de nos Constitutions révolutionnaires, comment des axiomes aussi abstraits peuvent-ils recevoir une solution juridique? Notre Déclaration est-elle un texte précis et a-t-elle une valeur pratique?

La question est encore très discutée. Mettant en parallèle les Déclarations française et américaine, Taine

écrivait : « Ici rien de semblable aux déclarations précises de la Constitution américaine, à ces prescriptions
positives qui peuvent servir de support à une réclama-
tion judiciaire, à ces interdictions expresses qui empê-
chent d'avance plusieurs sortes de lois, qui tracent une
limite à l'action des pouvoirs publics, qui circonscrivent
des territoires où l'Etat ne peut entrer parce qu'ils sont
réservés à l'Individu. Au contraire, dans la Déclaration
de l'Assemblée nationale, la plupart des articles ne sont
que des dogmes abstraits, des définitions métaphysi-
ques, des axiomes plus ou moins littéraires, c'est-à-dire
plus ou moins faux, tantôt vagues et tantôt contradictoires, susceptibles de plusieurs sens et susceptibles de
sens opposés, bons pour une harangue d'apparat et non
pour un usage effectif, simple décor, sorte d'enseigne
pompeuse, inutile et pesante qui, guindée sur la devan-
ture de la maison constitutionnelle et secouée tous les
jours par des mains violentes, ne peut manquer de tomber bientôt sur la tête des passants (1). » De là, à conclure, comme M. Esmein, que ces déclarations « ne sont
pas des articles de lois précis et exécutoires, qu'elles
sont purement et simplement des déclarations de principes (2) », il n'y avait qu'un pas.

Malgré toute l'autorité qui se rattache aux noms des
deux auteurs précités, nous n'hésitons pas à affirmer

(1) TAINE, *Les Origines de la France contemporaine. La Révolu-*
tion. t. I, p. 274.

(2) ESMEIN, *Droit constitutionnel*, p. 456 4me éd.

que nos Déclarations des droits sont autre chose que
de simples traités de philosophie politique. Sans doute,
les principes révolutionnaires y sont exprimés sous
forme de maximes générales mais les lois elles-mêmes,
disait P. Janet, « sont des maximes générales ayant besoin de l'interprétation des tribunaux et des jurisconsultes (1) ». Il n'est pas douteux, dès lors, que la jurisprudence n'ait à la longue dégagé de ces maximes générales des théories plus précises et tout aussi juridiques que la théorie du recours pour excès de pouvoir
tirée par notre Conseil d'Etat de principes pourtant très
vagues et très incertains.

D'autre part, toutes les dispositions de nos Déclarations des droits ne sont pas imprécises et sans portée
juridique, on ne peut nier par exemple que l'article VIII
de la Déclaration de 1789, ne soit un texte tout à fait
positif et susceptible d'une application judiciaire effective. « Nul ne peut être puni, lisons-nous, qu'en vertu
d'une loi établie et promulguée antérieurement au délit
et légalement appliquée. » Par conséquent en matière
criminelle, le principe de la non rétroactivité des lois
est suffisamment dégagé par ce texte pour servir de base
à une exception d'inconstitutionnalité, dans le cas où
le Parlement voterait une loi rétroactive. De même,
l'article 17 de la Constitution de 1791 a posé deux principes d'un juridisme si positif qu'ils ont été reproduits
par l'article 545 du Code civil. D'après ces textes, l'ex-

_____

(1) JANET, *op. cit.*, Introd. p. LVII, éd. 1887.

propriation ne peut avoir lieu que si l'utilité publique est légalement constatée (1) et si une indemnité préalable a été payée. Serait par conséquent inconstitutionnelle une loi qui autoriserait l'expropriation en faveur d'un intérêt privé. On a proposé ces dernières années, d'imposer « un stage de scolarité » à tous les candidats aux fonctions publiques; la loi qui imposerait ce stage ne serait-elle pas inconstitutionnelle en présence de l'article VI de la Déclaration de 1791 qui n'exige des citoyens pour être « admissibles à toutes dignités, places et emplois publics » que leur « capacité, leurs talents et leurs vertus? » Enfin, les articles de la Constitution de 1848 relatifs à l'abolition de la peine de mort, à la censure, à la liberté d'enseignement, ne pourraient-ils servir de fondement à une action judiciaire si le principe du contrôle des tribunaux était admis chez nous?

En somme, si nos lois constitutionnelles ne sont pas précédées d'une Déclaration des droits, la difficulté n'est pas insurmontable. Nous avons vu plus haut, que le projet de résolution Jules Roche et Ch. Benoist, tendait à tourner cette difficulté en proposant d'insérer la Déclaration de 1791 dans le Corps de nos lois de 1875. Cette solution comble une importante lacune; mais elle n'est pas exempte de critique. La Déclaration de 1791

---

(1) Nous faisons remarquer en passant que la procédure de l'expropriation offre une seconde exception à la règle du 16 fructidor, an III, puisque les tribunaux ont le droit de vérifier si les formalités prescrites par la loi du 3 mai 1841 ont été observées. — Cf. HAURIOU, *Droit administratif*, p. 763, 7me éd.

est incomplète. Elle ne mentionne ni le droit d'association, ni la liberté d'enseignement, ni la liberté du travail. Or, une Constitution doit de toute nécessité incor-
porer ces libertés nouvelles, à peine de les voir violer
légalement, par un Parlement issu d'une surprise. Une
codification nouvelle s'impose, et une codification précise, détaillée, contenant non seulement la liste limitative des droits à protéger, mais encore les règles essentielles de la procédure législative. De la sorte, les tribunaux pourront, valablement et sans difficulté, examiner
la constitutionnalité des lois en les vérifiant dans leurs
éléments intrinsèques et formels.

Mais, en accordant au pouvoir judiciaire, le droit de
contrôler les lois, la question se pose de savoir si les
tribunaux ordinaires n'auraient pas *a fortiori* le droit
de vérifier la constitutionnalité des actes administratifs.
« Si la loi, dit-on, doit être soumise à la censure des tribunaux, à plus forte raison devra-t-il en être de même
de l'acte administratif : c'est la suppression de toute
notre théorie du recours pour excès de pouvoir, dont un
cas d'ouverture est précisément la violation de la loi et
des droits acquis (1). »

Il est facile de répondre à cette objection, en faisant
remarquer que le développement actuel de la jurisprudence des tribunaux administratifs, permet de dire que
tous les actes de l'Administration ont leur juge et un

---

(1) Lévy-Alvarès, *Réponse à la communication de M. Larnaude.*
(*Bulletin de Législation comparée*, 1902, p. 248.)

juge aussi impartial que pourrait l'être en cette matière le juge de droit commun; qu'il est tout à fait inutile par conséquent, de tout remettre en question et de bouleverser notre Droit administratif. Rien n'empêche dès lors, que les tribunaux ordinaires connaissent de la constitutionnalité des lois et les tribunaux administratifs de la légalité des actes administratifs.

Il faut bien se rendre compte cependant qu'une telle organisation va faire naître de nombreux conflits. Supposons que le Conseil d'Etat valide un acte administratif pris en conformité d'une loi que les tribunaux ordinaires et en particulier la Cour de cassation, auraient déclaré inconstitutionnelle, qui aura le dernier mot en l'espèce, le Conseil d'Etat ou la Cour de cassation? Qui sera juge du conflit?

Or, n'avons-nous pas déjà un tribunal constitutionnel pour trancher les conflits positifs qui peuvent surgir entre ces deux grands pouvoirs de l'Etat que sont chez nous, le pouvoir judiciaire et le pouvoir administratif? Pourquoi le Tribunal des conflits n'aurait-il pas plénitude de compétence en matière de constitutionnalité des lois? On peut objecter que sa composition actuelle, telle qu'elle résulte de la loi du 24 mai 1872, est défectueuse; mais il ne serait pas difficile de la réorganiser et par exemple de faire du Tribunal des conflits, un tribunal régulier, en exigeant qu'il ne siège qu'au complet de ses membres. En départageant par conséquent les juridictions ordinaires et les juridictions administratives, ce Haut Tribunal jouerait ainsi le rôle d'une Cour suprême, puisqu'il serait placé au-dessus de toutes les hiérarchies, et que son rôle serait de déclarer sans valeur légale toute loi inconstitutionnelle et par contre-coup tout acte administratif pris en vertu de cette loi (1). De la sorte serait créé un pouvoir modérateur non seulement à l'égard de l'Exécutif, mais encore à l'égard du Parlement et l'Individu n'étant plus à la discrétion ni du législateur ni de l'Administration, se sentirait enfin libre, dans un Etat véritablement constitutionnel.

---

(1) Sans compter que le Tribunal des conflits ainsi réorganisé pourrait, accessoirement, connaître du contentieux, des élections au Sénat et à la Chambre en remplacement du procédé archaïque de la vérification des pouvoirs par les Chambres elles-mêmes.

CONCLUSION

Nous avons essayé de démontrer, au cours de cette étude, que la distinction fondamentale des lois constitutionnelels et des lois ordinaires n'était pas, dans le Droit constitutionnel des États modernes, une simple question de terminologie doctrinale, mais la base même sur laquelle repose le constitutionnalisme moderne. Nous avons vu, en effet, que toute organisation à régime représentatif et parlementaire supposait nécessairement l'existence d'une Constitution écrite, c'est-à-dire d'un ensemble de lois organiques de nature spéciale, destinées à limiter la Souveraineté sous quelque forme qu'elle se présente : roi, empereur, ou assemblée représentative. Nous avons vu aussi que dans tous les pays constitutionnels, sauf bien entendu l'Angleterre, cette Constitution était écrite et qu'elle se plaçait hiérarchiquement au-dessus de toutes les dispositions législatives. Autant de caractères particuliers qui nous aidèrent à démontrer que les lois constitutionnelles différaient des lois ordinaires quant à leur nature intime et partant quant à leur force exécutoire.

Il nous a paru, d'autre part, que l'erreur de nombreux constitutionnalistes contemporains, avait été de croire qu'il n'existait aucune différence entre cette loi suprême et les lois simples ou qu'il n'existait entre elles qu'une différence formelle, alors qu'en réalité elles se distinguent aussi profondément par leur essence propre que par leur forme extérieure. Par leur nature ou essence intrinsèque, parce que si la loi constitutionnelle se meut dans le domaine objectif du Droit public et rencontre l'Etat et non l'Individu, la loi ordinaire au contraire évolue dans la sphère du Droit privé et se préoccupe de questions éminemment subjectives. Par leur forme, parce que les lois constitutionnelles sont soumises à des procédures spéciales de révision ou d'élaboration beaucoup plus rigoureuses que les procédures habituelles d'élaboration ou de modification des lois ordinaires.

Enfin, nous avons vu que la loi constitutionnelle, telle qu'elle était issue des théories de l'Ecole du Droit de la Nature et des gens, n'était pas seulement une loi écrite, mais une loi suprême, se distinguant des autres lois par sa force obligatoire. Nous avons insisté sur ce caractère spécial parce qu'il nous a permis de mettre en relief l'illogisme des théories étrangères qui admettent une loi fondamentale, à titre de Statut suprême, et qui permettent au législateur ordinaire de la modifier selon son bon plaisir à l'instar d'une loi de conséquence.

Nous n'avons pas non plus ménagé nos critiques aux

conceptions françaises qui ont toujours posé la distinction en principe, mais qui, par contre, n'ont jamais cherché à en tirer toutes les conséquences pratiques qu'elle suppose. Or, nous avons établi qu'autre chose est de rédiger une Constitution et de l'imposer au législateur ordinaire, autre chose de trouver le moyen d'en assurer le respect. Malheureusement, chez nous, l'effort n'a été que spéculatif. En pratique, nous sommes encore à chercher quel sera le meilleur système de contrôle des lois constitutionnelles. Le législateur de 1875 a cru, lui, combler la lacune en différenciant formellement les deux lois. Il s'est contenté, comme d'une solution suffisante, de la procédure révisionnelle, pour établir leur dissemblance. Insuffisance fâcheuse car une véritable loi constitutionnelle suppose évidemment une sanction juridique avec un Tribunal spécialement organisé pour la rendre. Chez nous où est, dès lors, la sanction efficace? Où trouver la juridiction spéciale qui, comme aux Etats-Unis, permette de dégager des solutions jurisprudentielles la garantie que l'on attend de toute loi fondamentale?

Bien mieux, nous avons pu voir que notre constitutionnalisme actuel accusait une évolution marquée vers l'assimilation de la loi constitutionnelle à la loi ordinaire. C'est une tendance que l'omnipotence grandissante du Pouvoir législatif veut accentuer de plus en plus et qui sera de plus en plus dangereuse à mesure que disparaîtra la distinction légale qui subsiste encore entre les deux lois. Il est donc temps de réagir. Nos lois constitutionnelles actuelles sont insuffisantes et insuffisamment différenciées des lois ordinaires. Par ailleurs, elles sont inefficaces parce qu'elles sont sans sanction. On ne saurait trop y prendre garde, le danger n'est pas de voir une loi ordinaire privée de sa force exécutoire si cette loi est inconstitutionnelle, mais plutôt de voir un jour ou l'autre le Parlement violer les libertés naturelles conquises au prix de révolutions successives. Pour notre part, nous sommes partisan d'adopter d'abord comme mesures préventives, un Texte constitutionnel complet, précis, aussi prolixe et minutieux que l'était la Constitution du 5 fructidor an III; ensuite de recourir à des mesures juridictionnelles pour sanctionner les violations aux règles et principes consacrés par la loi fondamentale. Nous avons vu, au cours de notre travail, que la chose n'était pas impossible puisqu'il suffisait de codifier une foule de règles constitutionnelles éparses dans un grand nombre de lois organiques ou même contenues dans les Constitutions abrogées et de leur donner une sanction juridique par le moyen tiré de l'exception d'inconstitutionnalité.

Et pourtant nous ne nous dissimulons pas que les freins constitutionnels n'ont pas d'efficacité propre indépendante des forces morales qui les mettent en mouvement. Le principal ressort des mécanismes constitutionnels est dans le cœur des hommes qui les appliquent et cela suffit pour expliquer que l'élan des passions révolutionnaires n'est pas toujours facile à arrêter. « Mais, c'est une vérité historique, maintes fois observée, qu'avant de se déchaîner librement, il leur faut briser les obstacles légaux que des institutions prévoyantes ont

su accumuler devant elles. Et comme les tempêtes sociales perdent souvent en durée ce qu'elles acquièrent
en violence, le salut dépend parfois du temps que l'on
a pu gagner ! (1) »

---

(1) V. CLAPPIER, *op. cit.* (*Gazette des Tribunaux*, 18 décembre
1902.)

ERRATA

Page 36 ligne 23, lire : les différents pouvoirs.

Page 110 : les lignes 7 et 8 sont interposées.

TABLE DES MATIÈRES

PREMIÈRE PARTIE

Théorie révolutionnaire de la Constitution.

DEUXIÈME PARTIE

IMPRIMERIE M. BONNET, 2, RUE ROMIGUIÈRES. — TOULOUSE.

www.ingramcontent.com/pod-product-compliance
Lightning Source LLC
Chambersburg PA
CBHW050125210326
41519CB00015BA/4110